敗れる前に目覚めよ

平和憲法が危ない

飯室勝彦

花伝社

敗れる前に目覚めよ——平和憲法が危ない◆目　次

第2章　揺らぐ憲法原理

第3章　改憲のアラシに抗して

はじめに

この本は、一部を除き、私が執筆し『中日新聞』『東京新聞』『北陸中日新聞』に掲載された社説を編集して構成したものである。三紙はいずれも中日新聞社の発行であり、掲載される社説は共通である。

社説は、一般記事と同様に文語体で書かれるのが通常で、多くの新聞では一日に異なるテーマの二本の記事が載るが、三紙の日曜日付けの社説は話し言葉で書くことになっている。スペースも普段の二本分を使った一本の大型である。読者に社説になじんでもらうことと、多様な角度から丁寧に論じ「読者とともに考える」のが狙いで、「週のはじめに考える」という総タイトルをつけている。憲法記念日、新聞週間など重要な節目には週末でなくても口語体の長文社説を「憲法記念日に考える」などのタイトルで掲載している。

その中から憲法を中心的視野に入れて私が書いたものを選び時系列にそって編集した。ただし、「早く空気のように」は沖縄特集企画用に執筆した文語体の署名入り記事を口語体に変えて加筆し、「〝軍事〟を隠し改憲へ瀬踏み」は通常の書き言葉社説を全面的に書き改めた。

社会部記者として司法を取材した期間が長いせいもあって、論説委員になってからも生ニュースを追っていたころと同じように、常に憲法に照らして問題を考えてきた。思考習性という面もあるが、意識して憲法という鏡に現実を照らしてみることを心がけた。

憲法問題は多種多様である。社説でも、表現の自由、刑事法をめぐる適正手続き、選挙権の平等、法の下の平等など実にたくさんの事項と憲法との関係をテーマとして扱ったが、ここでは憲法の解釈や改定問題、戦争、平和について論じたものに限って収録した。

社説は論説委員の合議に基づいてまとめられる新聞社としての意見、主張であり、執筆者の個人的見解ではない、とされる。しかし、論説会議で私が説明した執筆の狙いや内容、できあがった原稿の基本的部分に関する変更を同僚委員から求められたことはほとんどないし、掲載された社説が私の考えに反するものになったこともない。ただ、社説欄の特性に配慮して、内容が後退しない範囲で表現を和らげ婉曲な言い回しをしたり、主張のトーンを抑制することはあり得る。

そのような部分、および読み返して舌足らずと思われた部分は、今回、加筆修正した。したがって、この本の内容に関する責任は全面的に私にある。なお、登場人物の肩書き、動詞の時制は掲載当時のままとした。

いまあらためて全体を読み通すと、平和憲法の危機がじわじわと深化してきたことが一層明瞭になった。でも、まだ遅すぎることはない。多くの人が、原点に返って日本国憲法を読み直し、自民党の新憲法草案の基盤にある復古思想の危険性に気づいて危機を回避できることを期待している。

かつて日本の指導者たちは無謀にもあの戦争を始め、とうてい勝てないとはっきりしてからも敗戦を認めず、日本中が廃墟になるほどに敗れてやっと目覚めた。その結果、得られた平和憲法を弊履のように投げ捨てようとする動きにジャーナリズムと国民はどう対抗するのか。「のど元過ぎれば熱さを忘れる」の格言通り、今度もまた敗れるまで目覚めないのだろうか。

戦艦大和による特攻作戦で三千人を超える乗組員とともに散った臼淵磐大尉の「敗れて目覚めるしか日本が救われる道はない」という最後のことばをかみしめ、「今度こそ敗れる前に目覚めよう」——これがこの本をまとめた動機である。

二〇〇六年の憲法記念日を前に

飯室勝彦

第1章

忍び寄る危機

1 〝輝き〟はどちらに

日本国憲法は日本の社会に定着し、国民は空気のようになじんでいると言われます。本当にそうでしょうか。いろいろ検証してみる必要がありそうです。

ここ数年、日本の針路をめぐって鋭い問題提起がされています。それらの議論をする政治家たちに、なぜか「国民主権」の視点が欠けているのです。

一週間前に終わった新政権づくりでもそうでした。国民に見えないところで合従連衡工作が行われ、昨日まで敵対していたグループが突然手を組むという、総選挙における有権者の選択を無視した連立さえ実現しそうになりました。

「そもそも国政は、国民の厳粛な信託によるものであって、その権威は国民に由来し、その権力は国民の代表者がこれを行使し、その福利は国民がこれを享受する」——密室の談合を繰り返した政治家たちは憲法前文のこの文章など念頭になかったのでしょう。

民主制の基本は手続き

公表されているルールで、国民に見えるように争い、責任の所在を明らかにする。これが民主制であり、国民主権主義の政治なのです。だれが決めているのか表面上は分からず、実際に決めている人が責任を取らない。いわゆる二重権力構造が批判されなければならないのは、民主制の基本である「手続き的正義」にかなわないからです。

連立組み替え工作は安定政権をつくるのが目的でした。それは国会で多数派になるグループの形成ということでもありました。憲法が定めているのは「議院内閣制」ですから当然の願望と言えます。

でも多数ならなんでもできるのでしょうか。「皆で決めていい」ことと、「皆で決めてはいけない」ことがあるはずです。見極めは難しいのですが、ドイツの経験は貴重な教訓です。ナチスが第一党になったのはまさに国民主権の原理に従った選挙によってでした。その結果として自由、人権や議会政治そのものを否定するナチズムがドイツを制覇し、世界制覇を狙ったのです。

「皆で決めてはいけないこと」を皆で決めさせないために、あるいは「皆で決めていいこと」でも選択を誤らせないために、「言論・表現の自由」が最大限保障されなければなりません。

制度だけでなく、少数派が「ノー」と遠慮なく言える雰囲気がなければなりません。

現実はどうでしょうか。天皇の戦争責任について発言した長崎市長はテロに遭い、新聞社に対する襲撃もしばしば起きます。国民一般はそれをわがことと受け止め、十分な反撃をしたでしょうか。

世の中がある方向へ急に動く時は、公権力が言論を直接弾圧するというより、何となく異論を唱えにくい空気がいつの間にか社会に出来上がっているものです。その意味で、言論の自由は国民一人ひとりの姿勢にかかっているのです。

もっと身近に目を移します。地域の集まりや会社で他人と違う意見を述べて、気まずくなったことはありませんか。問題の根は同じだと思います。

先ごろ、横田基地騒音第三次訴訟の原告側が上告をあきらめました。二審判決には不満ですが、これ以上争っても先が見えないからです。「何人も、裁判所において裁判を受ける権利を奪われない」とある第三二条も、審理に十年、二十年かかったのでは絵にかいたモチです。

不況で出た企業の本音

横田基地訴訟は十八年。公害・薬害訴訟では被害者が判決を待ち切れずに次々亡くなっていきます。裁判の仕組みに問題はないでしょうか。スピードアップのために裁判官、弁護士がもっとたくさん必要でしょう。

日本は一九八五年に女子差別撤廃条約を批准し、男女雇用機会均等法を制定しました。それいらい定年格差、男女別求人募集など制度的差別は減っていますが、最近の女子学生の就職戦線は〝土砂降り〟と言われています。不況のせいで企業の本音が出てしまいました。

「勤労の権利と義務」（第二七条）も機会を与えられなければ実現しません。「男女の平等」（第一四条）や「夫婦の同等の権利」（第二四条）を確立するために、条約は性別役割分担の考え方を打破するよう求めています。

明るい話をしましょう。

遅まきながら批准された「子どもの権利条約」の趣旨を徹底するため、外務省は全国の小、中、高校の教室にポスターを張ってもらうことにしました。この条約は、意見を表明する権利、プライバシーの自由を保障するなど、子どもを管理する対象ではなく独自の人格、権利の持ち主ととらえる「子ども憲法」です。

法律を作り、条約を結べば、それでこと足れりとしがちな役所の仕事としては画期的と言えましょう。

法務省は一九九四年から「子どもの人権オンブズマン」を発足させます。全国に一万人以上いる人権擁護委員の一部に、子どものＳＯＳをキャッチし、指導していく仕事を依頼するのです。子どもの人権を守るとともに、人権を守る子どもを育てる。役人らしからぬ柔軟な発想です。

日本国憲法は「人類の経験と英知の結晶」と言われます。井上ひさしさんの言葉では「世界の歴史からの贈り物」であり、内容の多くは普遍的原理です。

じっくりと読み返し……

それを自分の本能としてしみ込ませ、その恩恵をまだ受けていない地域の人たちに広げるのは、私たちの責務です。そこに気付けば、アフリカの飢餓も、ボスニア紛争の悲劇も他人ごとではなくなってくるはずです。

連休の一日、憲法をじっくり読み返してみませんか。そのうえで改めて自分の周りを、さらに世界を眺めるのです。憲法と現実のどちらが輝いているか。それが憲法を考える原点でしょう。

（一九九四・五・四）

2 〝輝き〟を増すために

憲法は空気のようです。ありがたさを意識することはめったにありません。でも、憲法を通して日本と世界の関係を見つめれば、きっと感じるところがあるはずです。

憲法避雷針論というのがあります。日本国憲法制定の際、ＧＨＱ（連合国軍総司令部）案、とりわけ戦争放棄の第九条を受け入れたから、天皇制を守り通すことができた、というのです。当時、内閣書記官長だった故楢橋渡氏の言葉として有名です。

この論法では、憲法も第九条も消極的意味しか持ちませんが、避雷針で守られたのは天皇制だけではありません。国民にとってもっと大事なことが守られたことを、無視するわけにはいきません。

随所に日本人の知恵が

言うまでもなく、それは平和と人権であり、それらが日本の繁栄、国民の豊かな生活をもたらしました。

第九条のかさの下で過去五十年間、一人の戦死者を出すこともなく、軍備を小規模に抑え、資金を産業育成や国民生活の向上に回すことができました。まだ不十分なところがあるとはいえ、国民の基本的人権は、第二次大戦前とは比較にならないほど尊重されています。

憲法第三章にある自由、権利のほとんどは、主として西欧の先達が血と汗を流して確立したものですが、ひときわ光彩を放つのが「健康で文化的な最低限度の生活をする権利」を保障した第二五条一項です。GHQ案にはなく、日本側が付け加えました。

当初の翻訳文では「児童」だった義務教育の対象者を、「子女」と言葉を変えることによって広げたのは、勤労青年の教育機関だった青年学校の教師と生徒たちが運動した結果です。

「押しつけ憲法」と言われることの多い憲法ですが、当時の日本人の知恵や思想が随所に盛り込まれました。いま私たちは、その恩恵に浴しています。

目を外に転じましょう。

冷戦が終わっても「平和の配当」を受けられない人々がたくさんいます。ユニセフ（国連児童基金）などの調査によると、世界中で六人弱に一人は、その日の食べ物にも不自由し、五億人の子どもが学校に通えないでいます。この十年間に二百万人の子どもが内戦、部族抗争などで殺され、乳幼児の死亡率一〇％を超す国が四十八もあります。

憲法前文には「われらは、全世界の国民が、ひとしく恐怖と欠乏から免れ、平和のうちに生存する権利を有することを確認する」とあります。欧米諸国民の遺産である憲法原理を継承し、新しい理想を加えて今日の国家と国民生活を築いてきた私たちは、その原理と理想をもっと多くの国の人たちに引き継ぎ、広げていく責任を負っています。「憲法の世界化」です。

さる三月、デンマークのコペンハーゲンで貧困と差別の解消を目指して、国連社会開発サミットが開かれました。参加途上の飛行機の中で、村山富市首相は「人づくりや人間優先の社会開発は、平和憲法を持つ日本が最も貢献できる分野だ」と胸を張りました。

確かに日本の政府開発援助（ＯＤＡ）は三年連続して世界一です。

四千の〝良心の囚人〟が

でも、造りっ放しで後の面倒を見ないため十分稼働しない施設、相手国の政治家や有力者、さらには日本企業に利益をもたらすだけで、国民生活の向上には必ずしも役立たない巨大プロジェクトがある、などと指摘されています。

援助は中身が大事です。政府や政治家の方ばかり向くのではなく、現地で暮らす人々にもっと目を向けることが求められているのです。

一九九三年六月の世界人権会議で、日本を含む先進各国は「人権は普遍」であることを確認しました。社会開発サミットで採択された行動計画でも「すべての人権と基本的自由の擁護、尊重」がうたわれています。

しかし、アムネスティ・インターナショナルによれば、「思想・信条、宗教的理由や民族の違い」などのためにとらわれている〝良心の囚人〟が、ミャンマーはじめ少なくとも六十二カ国に四千四百人以上います。アムネスティでは「主として思想・信条などを理由に……と広げれば三十万人以上」と言っています。

それらの国々の政府を経済援助などで支える国の中には、いわゆる人権先進国が含まれています。日本の援助の一部にも「人権を抑圧している政府を利している」との批判があります。「人権は普遍」と言いながら自国の利益のために他国の人権抑圧を容認する、二重基準を許さないよう、政府を厳しく監視するのは、私たちの使命です。

国内へ視線を戻します。低賃金、中間搾取に甘んじ、医療保険、労災補償などの福祉制度から実質的に排除されている出稼ぎ外国人がいます。日本の産業、経済を底辺で支えている彼らを、不法就労だからと無権利状態で放置しておくのは憲法の精神に反します。最高裁が「地方選挙権は与えても憲法違反にならない」と言ったことで、一躍脚光を浴びた永住外国人の参政権についても同じです。

誓いを意識した行動が

政府は「与えなくても違憲ではない」という論理に寄り掛かり、傍観してきましたが、憲法の内なる国際化も進めなければなりません。

憲法前文は「日本国民は、国家の名誉にかけ、全力をあげてこの崇高な理想と目的を達成することを誓う」と結ばれています。日本の政府と国民が、この誓いを意識して行動すれば、日本国憲法は国際的にますます輝くでしょう。

（一九九五・五・五）

3　早く空気のように

沖縄では憲法という言葉が頻繁に使われます。本土ではあまり聞かれなくなった「憲法に照らしてかくあらねばならない」という議論が、日常生活の中でごく自然に行われるのです。

憲法講演の講師が聴衆から「憲法は学者だけのものではない。もっと分かりやすく話せ」としかられることもあります。琉球大学の高良鉄美教授の実体験です。

「平和憲法の下へ」をスローガンに祖国復帰運動を展開し、一九七二年、二十七年にわたる米軍の軍政下から脱した沖縄県民にとって、日本国憲法はあこがれの的であり、憲法が目指す世界には共感できました。

住民も巻き込んで地上戦闘が行われた沖縄戦の悲劇、その後に続いた〝米軍主権〟時代の苦しみを経験しているだけに、平和主義、国際協調主義をうたった前文、戦争放棄の第九条が特に輝いてみえたのです。軍事力を持たず、外交と貿易で繁栄した、明治以前の琉球の歴史と重ねる合わせることもできました。

憲法手帳がベストセラー

現在の状況も当時とさして変わりません。復帰直後に生まれた憲法普及協議会の発行する「憲法手帳」は依然隠れたベストセラーです。琉大生対象の調査では、沖縄出身者の方が本土出身者より憲法知識が豊富で、憲法に対する評価も高いというデータがあります。

広大な基地が、いまも憲法を強く意識させ、憲法にあこがれさせるのです。

米軍が銃剣とブルドーザーで土地を取り上げ、行政区画も住民の生活も無視して、白地図に線を引くようにつくった基地は、四十二施設、二万四千ヘクタールも残っています。沖縄本島面積の二〇％です。

住民は生まれ育った所に住めず、先祖の墓参りもままなりません。米軍管理の空域も十五カ所、水域も二十九カ所あり、土地も空も海も自由に使えないのです。

日々この現実に直面している県民の目には、国民主権宣言が空文と映ります。基地訴訟で住民の代理人を務める、伊志嶺善三弁護士の言う「憲法の形骸《けいがい》化」です。

八歳のとき宮古島で敗戦を迎え、東京で学んで開業していた伊志嶺弁護士は、復帰直後に沖縄へ帰りました。日本国憲法の施行で司法権が独立すれば、軍政時代には難しかった、裁判による人権救済が可能になると考えたからです。

本土では観念的と受け止められがちな平和的生存権も、沖縄では実感を伴います。嘉手納基地や普天間基地の航空機爆音、キャンプ・ハンセンの県道越え砲撃演習、迷彩服の米兵たちは、お年寄りに沖縄戦を生々しく思い出させます。朝鮮戦争、ベトナム戦争で果たした沖縄の米軍基地の役割を考え、加害意識に悩む人も少なくありません。

少女暴行事件に象徴される、米兵による人権侵害事件は後を絶ちません。土地の強制使用による財産権制約は、米軍の情報収集用アンテナ施設〝象のオリ〟問題で浮き彫りにされました。地方自治権が絵にかいたモチにすぎないことは、地図を広げれば、ひと目で分かります。基地は、広いだけでなく、街づくりの死命を制する場所にあります。

卵と黄身のような関係で普天間飛行場を抱える宜野湾市は、道路や下水道を整備したくても、黄身の位置の基地が邪魔になります。航空機は、白身地域にある民家や学校の上を飛んで離着陸します。

四千メートル滑走路を二本も持つ、極東最大の嘉手納飛行場は嘉手納町の面積の八三％を占めています。住宅は、基地の縁にちょこっと張り付くように集まっているのです。パラシュート降下訓練場、通信施設、弾薬庫などがあちこちにある読谷村では、米軍用地に入らず真っすぐ二キロ歩くことは難しいのが現実です。

これでは都市形成などおぼつきません。福祉向上も産業振興も基地に阻まれ、県民所得は全国最下位から脱出できないでいます。

だが「基地に憲法を踏みにじられている」という沖縄の人たちが〝武器〟として頼りにしているのは、やはり憲法です。

読谷村役場の村長室には戦争放棄を宣言した第九条と、公務員の憲法尊重擁護義務を定めた第九九条の条文を書いた二本の掛け軸がかかっています。山内徳信村長は「憲法は基地に立ち向かう時の大きな後ろ盾。村政のゆるぎないバックボーンだ」といいます。

憲法をテコに国に迫る

この信念と鋭い弁舌、旺盛な行動力によって、米軍の管理する地域内に村民のための野球場を造り上げ、村役場を建設しました。

大田昌秀知事による民有地を基地用地として強制使用するための代理署名拒否、基地の整理縮小要求が、憲法に規定された国民主権、財産権の保障、地方自治権などを支えにしていることはいうまでもありません。基地の現状を容認するか否かを県民に問う、住民投票の実施を求める運動は、地方自治権を活用して国の行政に物言いをつけようとするものです。

今も県民のあこがれ

日米安保条約の締結も改定も沖縄復帰前。県民は主権者として、選挙を通じて基地に対する意思を表明できませんでした。住民投票が初の機会となったのです。

復帰後の米軍基地返還は、本土では六〇％を超えるのに、沖縄では一六％弱。住民投票運動の中心になっている連合沖縄の渡久地政弘会長は「政府は知事に代理署名の職務命令を出そうとしているが、こちらから政府に基地縮小の職務命令を出したい」といいます。

「憲法が空気のように身近になった」との声も一部で聞かれる本土と異なり、沖縄では憲法下よりも憲法が適用されなかった軍政下の歴史の方がまだ三年も長いのです。憲法はいまもって県民のあこがれであり、「早く空気のようになってほしい」存在です。

（一九九六・五・一）

4 新しい世紀への門出に

未来への展望は、過去を振り返り、現在を知ることから生まれます。憲法の新しい五十年に向けて、私たちが達成したもの、達成できなかったものを検証しましょう。

日本国憲法は一九四六年の十一月三日に公布され、ことし（一九九六年）五十歳です。この憲法の前の大日本帝国憲法、いわゆる明治憲法の時代は実質的に五十五年でしたから、日本の立憲体制は三度目の半世紀に向かって、きょう歩み出したわけです。

国民主権、平和主義、基本的人権の尊重を基本原理とする現憲法は、誕生をめぐる特殊事情から、ごく初期を除いて、常に改憲論議にさらされてきました。にもかかわらず全文が制定時のままで、一言も変わっていません。隣の韓国では、この間に九回改定されました。

いままでは、わが憲法は世界中で百八十余ある憲法のうちで最古の二十の一つに数えられます。特筆に値する長命です。その意味は決して小さくありません。

完全に獲得した正統性

改憲が論議だけで終わってきたのは、日本国憲法の原則が国民に支持され、定着してきたからでしょう。「日本人は憲法に無関心だから」などという一部の人の説明は、国民を侮るものです。

この憲法のもとで、私たちが達成した世界に誇れることがらは少なくありません。まず第一に、有数の経済大国になり、貧富の差が世界で最も少ない国の一つを築きました。それを支えたのが国民の勤労意欲であり、憲法の「教育を受ける権利」を裏付ける高い教育水準、各種の基本的人権の保障を実質的なものとする諸制度であることはいうまでもありません。

女性や少数者の地位も、まだ十分とはいえないにしても著しく向上しました。対外的には平和を維持し、軍事力の行使や威嚇によって紛争を解決しようとしたことはなく、他国の国民も自国民も傷つけたこともありません。

これらは私たちが憲法の精神を実現しようと、折々の選択を繰り返してきた結果です。憲法にとって重要なのは、制定のいきさつより国民に支持されているか否かです。その意味で、日本国憲法は完全に正統性を獲得したといえましょう。

一九九一年の湾岸戦争を契機に、国際協力をテコにして日本の軍事力を憲法上も容認しようとする議論が展開されるようになりました。そのために唱えられた改憲論は、従来の「押し付け憲法」論を基礎にした復古調のものとはさま変わりし、新しい権利や制度を盛り込んで工夫を凝らしています。日本国憲法の定着を無視できなくなったからでしょう。

それでも一般的に国民が冷静なのは、新たな改憲論に「衣の下のヨロイ」を感じ取っているからかもしれません。

しかし、憲法理念と現実の間にさまざまなずれがあることは否定できません。例えば過労死に象徴される企業社会で、労働者は人間としての自由や主体性が必ずしも尊重されていません。アメリカ人を父に、日本人を母に持つ米シカゴ大学教授のノーマ・フィールドさんは、その著書『天皇の逝く国で』の中で、日本の豊かさを「自由と自主性の犠牲で可能になった豊かさ」と描写しています。

高等教育の普及の陰では偏差値偏重、塾通い、いじめなど大きなひずみが現れていますし、女性の地位向上は、景気が悪くなればたちまち女子学生が極端な就職難に見舞われる底の浅さです。

仕切り線をずらす改憲

ずれという点では、何よりも自衛隊の存在があります。現状は憲法第九条に抵触するというのが、憲法学界の通説です。専門家でなくても、素直に考えれば合憲性に疑問を抱かざるを得ません。

現実が憲法に合致しないときの対処方法は三通りあります。第一は現実を憲法の線まで引き戻すことです。アメリカでは、そのために司法が重要な役割を果たしているのですが、日本の最高裁は違憲判断に消極的で、憲法に定められた司法審査制が機能不全を起こしています。

二番目は現実を優先した憲法の拡大解釈です。自衛隊に関する政府見解がその典型であり、自衛隊について憲法判断を避ける最高裁の姿勢がそれを助けています。現実的対処とはいえますが、国民の規範意識の低下は免れません。

最後の手段は憲法改定です。すっきりはするのですが、いったん仕切り線をずらすと、変化する現実に合わせて次々変更することになるのではないか、といった不安があります。「憲法が守られる」ことを重視するあまり、安易に理念を捨て去ることには注意を要します。理念と現実の適度の緊張関係が社会の均衡の取れた発展を促す、との指摘もあります。

多くの国民が憲法と自衛隊との間の矛盾解消にこだわらなかったのは、これらのメリットとデメリットを無意識のうちにはかりにかけた結果でしょう。

ただ、現在の日本は難局を迎えています。国内的には好況時に隠れていたいろいろな問題が噴出し、国際的には憲法制定時の貧しく保護される側から保護する側に変わって、国連平和維持活動への積極的貢献を求められています。

長いこと日本の大学の教壇に立ち、日本の実情に詳しい米ラファイエット大学教授、ローレンス・Ｗ・ビーアさんは、憲法第九条を持つ日本を〝良心的兵役拒否国〟と高く評価しながらも、「本当に世界の尊敬を勝ち取れるのは、世界平和のためなら自分の血を流すこともいとわない覚悟をしたときだ」と言います。

もう一度熟読し指針に

もちろん異論もありますが、いずれにしろ日本人はどのように生き、どんな国や国際社会をつくろうとしているのか問われています。それぞれが自分で決め、それを政治、行政に反映させなければなりません。指針の一つとして、日本国憲法をもう一度熟読し、先人たちの選択を振り返りながら未来を考えましょう。

（一九九六・一一・三）

5　司法権優越という幻想

官僚司法制は、立法、行政権に対する司法権の優越という憲法理念を形骸化しています。国民参加で〝民〟の風を吹き込み、活性化したいものです。

司法試験に合格して裁判官、弁護士、検事などになる司法修習生を教育する司法研修所は、一九四七年五月、日本国憲法の施行と同時に最高裁判所の下に設置されました。修習二期生だった上田誠吉弁護士の調査によると、初代所長は旧満州国の高官だった司法官でした。

中国東北部に日本がつくり、軍国主義支配の象徴のように言われた帝国で数年前まで重要な地位にいた人物が、新しい民主憲法を具体化してゆく法曹を養成する機関の長になったのです。ほとんどの修習生が知らなかったこの事実は、意外ではありますが、今日の司法の姿を当時から暗示していたようにも思えます。

制度として確立した独立

　新憲法では、明治憲法時代にはともに司法大臣の下にあった裁判所と検察庁が分離され、最高裁判所に司法行政権、規則制定権が与えられて、司法の独立が制度的に確立しました。行政裁判所は廃止され、通常裁判所に行政事件も含めた一切の裁判がゆだねられました。裁判所には違憲立法審査権も与えられました。

　統治の仕組みは明治憲法体制の天皇主権、行政優位から断絶し、国民主権、司法権の優越という近代思想に支えられたシステムに切り替わったのです。司法の中心となる最高裁は、憲法価値を実現してゆく重責を担うことになりました。

　しかし、「いま司法の優位は機能しているか」と問われて、すんなり肯定できる人は少ないでしょう。

　最高裁判所が法令を憲法違反としたのは五十年間に五件しかありません。国民が行政機関を相手にした行政訴訟の原告勝訴率は、憲法施行後しばらくは三〇％を超えた年もありますが、いまでは一〇％前後です。裁判所は立法府、行政府の幅広い裁量権を認め、第九条のような統治の基本に関する争いでは、判断することを避ける傾向さえあります。

　このような司法の消極姿勢は、司法権の優越という憲法理念を骨抜きにし、古くから日本社会にある「民に対する官の優位」を継続させています。行政追随、現状肯定の司法として、多くの国民の信頼を失いかけています。

　刑事裁判の有罪率は九九％以上です。検察官が事件を精選して起訴するためでもありますが、

「法廷は被告の有、無罪を判断するのではなく、検察官が主張する被告の有罪を確認する場所」と評されることもある現状は、弁護士の刑事事件に取り組む意欲をそいでいます。

こうした現実の背景として、司法の担い手の制度も、担い手個人も戦前、戦中と断絶しなかったことを指摘してもあながち的外れとはいえないでしょう。司法研修所の初代所長はその典型的な例です。

立法、行政の分野では戦争中に重要ポストにいた大勢の人たちが、戦争犯罪の容疑に問われたり公職から追放されたりしました。ところが、司法官は追放の対象から外されました。戦前、戦中の責任をとって辞した人も知りません。治安維持法を積極的に適用し、国民の権利・自由を抑圧してきた人物も民主主義を論じ、人権の大切さを説くようになったのです。

旧憲法下で「天皇の名」による裁判をしてきた人たちにとって、国民主権など新憲法の理念は、本当に共感できるものだったのでしょうか。

維持された職業裁判官制

〝民間の血〟を取り入れて官僚化を防ぐ制度の整備もなされませんでした。一定期間の弁護士経験を経てから裁判官になる、欧米流の法曹一元制への転換は棚上げされ、司法研修所を卒業した若者を判事補として採用し、職業裁判官を子飼いで養成するキャリアシステムが維持されました。

戦争遂行に国家の総力を結集するため一九四三年に停止され、戦争終了後に再施行することとされていた刑事事件の陪審裁判の復活も見送られ、官僚司法制度は微動だにしませんでした。司法消極主義の基盤には、政治、行政と対立して混乱に巻き込まれることへの警戒感があります。でも、官僚としての裁判官の官側に対する過度な信頼が、司法の使命であるチェック機能の低下を招いていることは否定できません。有罪率の高い理由の一つとして、裁判官と検察官の間の官僚同士としての親近感をあげる研究者もいるほどです。

最高裁の裁判官は、国民の目の届かないところで最高裁長官と政府首脳が決めます。国民審査は実効性のない形ばかりのリコール制度です。任命に議会の同意を要し、大統領の指名した候補者が公開の議会で質問攻めにされ、ときには同意拒否に遭う米国と違い、日本の司法は立法、行政と並ぶ三権のうちで最も国民主権の及ばない領域です。

国民に直接的基盤を持っていないという自覚が、裁判官をなおさら消極的にさせてもいます。その壁を突破しようと努力を続けていた一人のベテラン弁護士が、一九九六年九月に亡くなりました。岩手県弁護士会の佐藤邦雄さん。九十五歳でした。

戦前に弁護人として陪審裁判を経験した佐藤さんは、戦後、人権擁護活動をしながらほとんど唯一の〝陪審の語り部〟として、全国各地で司法への国民参加の必要性を説いて回りましたが、夢を果たせずに生涯を閉じました。

めどが立たない国民参加

法律には「（陪審法ハ）今次戦争終了後再施行スル」（陪審法停止法）「刑事について、別に法律で陪審の制度を設けることを妨げない」（裁判所法）と書かれていますが、司法への国民参加の道が開かれるめどは立ちません。一部の裁判所に残っていた陪審裁判用の法廷は、最近になって次々壊されました。

（一九九七・五・七）

注　その後、二〇〇一年六月に出た、司法制度改革審議会の意見書に基づき、裁判官三人と市民代表の裁判員六人による「裁判員裁判」が二〇〇九年からやっとスタートすることになった。

6　主役はアナタです

まだかすかではありますが、動きは始まっています。その動きを確実にして、日本を本当の国民主権国家にできるかどうか、私たち一人ひとりの自覚にかかっています。

大げさな言い方をしますと、いま開かれている第百四十二通常国会は、一つの転機と言えるかもしれません。既に成立した特定非営利活動促進法（ＮＰＯ法）と、近く成立する被災者生活再建支援法のためです。

法律案は、各省庁の官僚が考えている政策を実施するために必要な条文を練り上げ、政府案として国会に出すのが普通です。まれに議員立法というのがありますが、それとても「政府が提案するのはそぐわないから」という消極的理由の場合が多く、陰では役人があれこれ世話を焼いています。

ＮＰＯ法と被災者支援法はこれとは違います。市民の発想から生まれました。市民運動の中でその必要性を実感した人たちが、さまざまな活動を積み重ね、制定にこぎ着けました。草の根民主主義の実現と言えましょう。

「国民主権の実質化」として

数年前から各地の自治体で行われるようになった住民投票も、同じ流れの中に位置付けられます。代議制に飽き足りない人たちによる「国民主権実質化」の胎動が始まっているのです。

「日本国民は、正当に選挙された国会における代表者を通じて行動し、（中略）ここに主権が国民に存することを宣言し、この憲法を確定する。そもそも国政は、国民の厳粛な信託によるものであって、その権威は国民に由来し、その権力は国民の代表者がこれを行使し、その福利は国民がこれを享受する。（後略）」

これは日本国憲法前文の一節です。ここに示されているのは、政治家や官僚は国民の手足であり、法律は国民の使う道具である、という趣旨です。そもそも法治主義という言葉は、専制君主が好き勝手をしないよう、君主のできる事項を法律で限定したことから生まれたのです。

しかし、市民革命を経験していない日本では、依然として政府や公務員が〝御上《おかみ》〟として意識され、法律は〝御上〟の命令のように受け取られがちです。国民意識に限らず、実態も同じでした。

政治家は選挙の時期こそ低姿勢ですが、選挙が終わった途端にふんぞり返り、この国の主人のように振る舞います。裏に回れば、その政治家に使われる立場の官僚たちが、逆に政治家を動かし、自らの意思を実現するという二重構造で政治、行政が動いています。

「観客民主主義」からの脱却

憲法施行直後の一九四七年六月、雑誌『改造』の座談会で、憲法研究者の故鈴木安蔵氏が「日本では議員自身の素質が比較的低く、責任の自覚もない。新憲法は国会中心主義というけれど、官僚が今までとあまり違わない勢力をふるうのではないか」と発言しています。

以来、五十余年間の日本社会の動きをみれば、鈴木氏の懸念が当たったことが分かります。国家の運営は官僚主導でした。揚げ句の果てに、大蔵省の大量処分に象徴されるように、おごった官僚たちは全体の奉仕者という立場を忘れ、政治も行き詰まりました。

主権者たる国民が、この事態にまったく責任がないとは言えません。政治や行政をきちんとチェックし、変えようと積極的に動いてきたでしょうか。最近の選挙の投票率をみる限りは、胸を張れたものではありません。

前回の投票率は衆院選が比例代表、小選挙区とも五九％、参院選は比例代表、選挙区とも四四％にすぎません。衆院選では半分近くが、参院選では半分以上が意思表示しなかったのです。

行政に対しても、大部分の人は、自分は第三者であるかのように官僚のやり方を眺め、ときに不平を言うぐらいが関の山だったのではありませんか。まるで、試合展開をいらいらしながら見守るサッカーのサポーターのようです。これでは観客民主主義です。

主権者には、サポーターと違って、プレーヤーを交代させ、作戦を指示する権利があります。米国の有権者は議員あてに頻繁に手紙を書きます。それも日本のように請願、陳情などといった「お願い」ではなく、対等な立場で堂々と注文をつけるのです。

私たちも、憲法で認められた最も大事な国民の権利である〝主権〟を存分に行使しなければなりません。

「権利の上に眠る者は救われない」と書いたのはドイツの法哲学者、イェーリングです。森永ミルク中毒事件の被害者側弁護団長を務め、いまは大量の産業廃棄物を投棄されて苦しむ香川県・豊島の住民のために奮闘している中坊公平弁護士（住宅金融債権管理機構社長）は「それぞれが現場で闘う姿勢なくして社会はよくならない」と言っています。

時代は変わりつつあります。住民投票などに表れた「国民主権の実質化」を胎動で終わらせず、本当に実現するために役立ちそうなのが、国会に提案されている情報公開法です。不十分なところもありますが、うまく使えば、官僚が国民を支配するための道具だった行政情報が、国民の手に返ってきて、逆に国民が官僚をコントロールする強力な武器になるでしょう。

迫り来る規制緩和社会は、行政がむやみに口出ししない自由競争の社会です。裏返せば、〝御上〟に頼らず私たち自身でルールを決めていける社会です。まさに国民主権社会です。主役はアナタなのです。

問われる主権者としての自立

故宮沢俊義東大教授らは四十年前、子供向け解説書で初めに紹介した憲法前文を「私たちは、私たち自身が本当に幸福になるような政治が行われるようにするにはどうしたらよいか、それを決める力は私たち国民にあることを固く信じます」と言い換えました。

この国をどう動かすか。強者の自由だけがまかり通る社会にするか、強者と弱者が共存できる社会にするるか。主権者としての自立が問われます。この夏の参院選は一つの試金石です。

（一九九八・五・三）

7 日米〝透明度〟の違い

大統領と内閣総理大臣、権力の座をめぐる争いが、一時は日米で同時進行しました。泥仕合という点は共通でも、国民にとっての見えやすさはまったく違います。

ドラマの始まりは米国が先でした。大統領選の行方を決めるフロリダ州の開票で、民主党のゴア候補と共和党のブッシュ候補の差が〇・五％以下だったため、州法の規定に従って集計やり直しとなったのが発端です。

普通、投票は機械で読み取るのですが、一部地域の選挙管理委員会が試しに手作業で点検したところ、機械判定で無効票、あるいは他候補の票とされた中に、かなりの数のゴア票が見つかったことから混乱が始まりました。

ゴア陣営が「手作業による集計を正式に認めよ。それには時間がかかるので確定（選挙結果の認証）期限を延期せよ」と裁判所に訴え、対するブッシュ陣営は「手作業をやめさせよ」と訴えました。選挙管理委員会までが「有効票、無効票の判定基準を示してほしい」と裁判所に駆け込む始末です。

加藤紘一・自民党元幹事長の〝倒閣一人芝居〟の幕は少し遅れて開きましたが、閉幕は一足先になりました。

法律論の衣装をまとい

ゴア、ブッシュ両陣営の訴訟合戦は突き詰めれば手集計か機械集計かという問題です。「投票者の意思尊重」「法の下の平等」など法律論の衣装をまとった争いですが、互いに自分に都合よくことを運ぼうとしてのことですから、「まやかし」という点では自民党の主流派、反主流派の争いとあまり変わりません。

こちらでも「憲政の常道」だの、「政党政治の基本」だのと、建前論が盛んに飛び交いました。しかし、両国における争いの透明度は決定的に違います。

日本では、主流派幹部が反主流派議員を脅したりすかしたりしながら、最後は密室の談合で国民には訳が分からないままの決着です。表舞台である衆議院における内閣不信任決議案の否決は後始末の儀式にすぎませんでした。これに対して米国の政治家はあいまいな取引をせず、法廷という目に見える舞台で争っています。

民族、宗教、文化の異なるさまざまな人々が住む米国では、対立を平和に解決する場が司法です。当事者は法理論と法技術を駆使して徹底的に争いますが、司法の結論には従います。

裁判官も期待される役目を果たそうと積極的です。日本の裁判官なら「司法判断になじまない」などと門前払いするような政治的色彩の濃い事件でも踏み込んで判断をするのです。

子どもにも丁寧に説明

もっとも理由はそればかりではありません。元来、米国には「政治や行政は広く国民に開かれていなければならない」とする伝統があります。

「すべての権力は本来、人民に存し、人民に由来する。……権力を与えられた者は人民の代理人であり、常時、人民に説明する義務を負う」

こんな条文（第五条）を含むマサチューセッツ州憲法ができたのは一七八〇年、明治維新から八十八年も前でした。米連邦憲法や他の州の憲法にも同じような条文はあり、政治家は自分の考えを分かりやすく説明して、できるだけ国民に見える形で行動しようと努めます。

メディアは読者、視聴者、つまり国民と政治家をつなぐ懸け橋と考えていますから、記者への対応も一般的に誠実です。在米ジャーナリストの菅谷明子さんは『メディア・リテラシー』（岩波新書）で、子ども記者の質問にも丁寧に答える大統領の様子を写真とともに紹介しています。

なにしろプレスの自由（表現・報道の自由）を憲法の権利章典の第一条で保障している国です。ベトナム戦争、湾岸戦争など個別の場面では秘密主義に陥り、厳しい批判を受けることもありましたが、総じて米国の政治の透明度は高いと言っていいでしょう。

さて日本です。自民党内の争いがまったく不透明なままとりあえず閉幕したことは既に指摘した通りですが、日常的にも政治家は国民に対する説明責任など意識していないようです。森喜朗首相は自分にとって都合のいいことについては多弁ですが、きわどい質問ははぐらかしたり沈黙します。記者の取材に応じることをサービスだと言ってはばかりません。

森首相だけではありません。新進党時代の小沢一郎・自由党党首も気に入らないことがあると記者会見を拒否しました。憲法の大原則である国民主権が、政治家に説明責任を課していることを無視する閣僚、国会議員がたくさんいるのです。

日本でも一九九九年、やっと情報公開法が成立し、二〇〇一年四月に施行されます。しかし、「政府が公開すべきではないと判断した外交、警察情報などは非公開にできる」とする規定もあって、まだ厚い秘密のベールが残っています。

大統領選の混迷に見られるように、透明な場での解決には時間がかかり混乱が長引きます。そのこと自体は短所かもしれませんが、一般的に欧米人はこれを民主主義のコストと考えているのです。

「民衆が情報を持たず、情報を入手する手段を持たないような民衆の政府は、喜劇への序章か悲劇への序章か、あるいはおそらくその双方への序章であろう」

米連邦憲法の起草者の一人であり、「憲法の父」と呼ばれているジェームス・マディソン（一七五一―一八三六）の残した言葉です。

緊張感が生むよい政治

監視されている、納得してもらわなければならないという緊張感が、本当に国民のためになる政治を生みます。

国民不在の談合のような形で権力争いが決着した日本の政治はどこへ行くのでしょうか。暗い予想が外れることを祈りますが、マディソンは「自らの支配者であらんとする民衆は、情報の力で武装しなければならない」とも言っていることも思い出しましょう。しらけてはいられません。

（二〇〇〇・一一・二六）

8 〝ロボット〟の反乱

機械文明の発達で便利さと豊かさを享受するようになった人類が、引き換えに失ったものは決して小さくありません。戦争の悲惨さが実感できなくなり、平和憲法の意義を見失ったこともその一つです。

非行少年たちの更生に取り組んでいる少年院院長の講演を聞く機会がありました。「罪を犯した少年たちの多くは自分の仲間以外は視野に入っておらず、他人が自分の言動をどう思うか、自分の行為が周囲にどんな影響をおよぼすかを理解できない」「彼らはコミュニケーション能力が劣っている」という話が印象的でした。

なぜなら、別の機会に文化人類学者の河合隼雄さんからこんな話を聞いていたからです。「現代社会では人間と人間の関係が希薄になった」「科学と技術が発展した結果、人間関係なしに、つまり心を使わずにできることが多いからだ」

たとえば、河合さんは活動拠点の京都から東京まで一言も発しなくても出てこられます。自動券売機で切符を買い、自動改札機を通る。目的地への接近は電光掲示板で知らされます。おなかがすいたらビュッフェへ行けば食べ物や飲み物の自動販売機があります。

機械の指示通りに動く

機械は便利です。表面的にはこちらの要求にきちんと対応してくれますから、人間と機械の間でコミュニケーションが成立しているかのようです。

しかし、実際は機械の指示する通りに人間が動いているだけです。指示に背けば、人間はたちまち機械にそっぽを向かれます。

真のコミュニケーションとは、こちらの言うことに相手が質問したり反論し、こちらがそれに答え、といったことを繰り返しながら、相手を理解し、相手を納得させることです。機械との一方通行の〝対話〟をどんなに重ねても、人間関係は生まれませんし、コミュニケーション能力も育ちません。

生きている人間はみんな違います。集まったそれぞれの個性がぶつかり、互いに譲ったり譲られたりすることによって、私たちの社会はダイナミックに動いていくのです。

相手に自分の言い分をきちんと伝えることができなければ、個性の対立は単なる衝突で終わるでしょう。対話の積み重ねによる豊かな人間関係も生まれません。コミュニケーション能力は社会に参加し、社会を動かすための基本的要件です。

機械を相手にした一方通行の疑似会話では、考え方も生活背景も異なるさまざまな隣人と柔軟に付き合ったり、変転きわまりない複雑多様な社会の出来事に正しく対応する力を養うことは困難なのです。

空想世界が現実社会に

自動販売機や自動改札機に限りません。インターネットや携帯電話による通信も、いやなら勝手に打ち切れるのですから本物のコミュニケーションとはいえません。ここから熱い友情や強い連帯が生まれることは、あまり期待できないでしょう。

現代人は人間関係を希薄にして心を使わないで暮らすことが便利だと思ってきました。その報いを日本人もいま受け始めたようにみえます。非行少年の間に広がる社会からの疎外感、親子関係をはじめとする大人と子どもの断絶、日本という社会の求心力のなさなどは、人間関係を軽視してきたがゆえの病理ではないでしょうか。そして憲法第九条の形骸化です。

チェコスロバキアのジャーナリストで作家だったカレル・チャペックが、戯曲「R・U・R——ロッスムのユニバーサルロボット」を発表したのは一九二〇年でした。「ロボット」の語源です。

人間が長い間の夢だったロボットの発明に成功し、人間にはふさわしくない仕事、いやな仕事を代行させます。ロボット導入に労組が反対したり、導入が遅れた企業が倒産したり、後になって私たちが目の当たりにする事態も描かれました。

ついには軍隊までロボットで編成されます。やがて主従が逆転して、ロボットが社会を支配するようになり、人間を次々と殺していきます。

八十年以上前の空想科学物語で描かれた世界が現実になりつつあるのではないでしょうか。米大統領選の開票についての混乱は、「ロボットの反乱」の気配が濃厚です。

フロリダ州における機械による投票判定をめぐって、勝者の共和党ブッシュ陣営と敗れた民主党のゴア氏の側が裁判を繰り返しました。双方が複雑な法律論の糖衣をまとった多彩な議論を展開したのは、争いの舞台が裁判所だからです。根っこの問題は「機械は投票者の意思を読み取れるか」というただ一点でした。

最終的には「機械が読み取ったものを投票者の意思とする」ことで決着しましたが、手集計で疑問票の中から相当数のゴア票が見つかっているところをみると、こうして認定された投票者意思は明らかにフィクションです。

機械は形に表れたものしか理解できず、人の心を読むことはできません。「人を選ぶ」という最も人間臭い行為の判定を機械にさせたことで、ひょっとしたらアメリカ国民は自分たちが選ばなかった大統領を、機械から押し付けられたのかもしれないのです。

チャペックは、人間を駆逐したロボットがやがて死滅の危機にひんし、こんどはロボットが人間をつくり始めるところで、作品を終えました。

「コンピューターによる戦争」と呼ばれた一九九一年の第一次湾岸戦争では、ジャーナリストが戦場に近づけず、爆撃機やミサイルに搭載されたテレビカメラによる映像ばかりが報道されました。その結果、〝ピンポイント爆撃〟と正確性が賞賛されるばかりで爆撃される側の惨状は伝わりませんでした。攻撃されたイラクを除く世界中の人々がテレビゲームを見るような感覚でニュースを受け止め、楽しんだのです。

第二次世界大戦はもちろんのこと、ベトナム戦争までは人間が人間を殺す戦争でした。攻める側も攻められる側も悲惨さを共有できました。日本の平和憲法が六〇年以上も守られてきたのは肌身で知った「戦争は悲惨」という教訓が承継されてきたからでしょう。

しかし、昨今の戦争では攻める側は安全地帯からコンピューターというロボットを使って相手を殺します。攻める側にいる人には「殺し殺される」という実感がわきません。心を痛めずに人を殺すことができるのです。戦後六〇年間、戦いに巻き込まれなかった日本人の多くもそんな感覚になりつつあります。憲法第九条の意義を忘れかけ、改憲容認の雰囲気が濃くなったのはこんなこととも無関係ではないでしょう。これも〝ロボットの反乱〟と言っていいかもしれません。

人間の思想が問われる

科学技術は両刃の剣です。たくさんの恩恵をもたらしますが、使い方を間違えると人類は滅びます。それを扱う人間の思想が問われます。

二十世紀の私たちは、ひたすら便利さ、豊かさを追求してきました。気がつくと、機械に人間が支配される社会の入り口に立っています。あくまでも人間が「主」で機械が「従」の社会であり続けるために、人間と機械の関係を見直さなければなりません。

幸いなことに、人類はまだ最期を迎えてはいません。チャペックの終末予告をドラマの中に閉じ込めるのは、二十一世紀に生きる人類の課題です。

（二〇〇〇・一二・二四）

第2章

揺らぐ憲法原理

1 「国のかたち」と迷彩

衆参両院に憲法調査会が設置され、憲法論議が活発です。キャッチフレーズも飛び交いますが、言葉に惑わされず、意味内容や裏側をしっかり見極めましょう。

「この国のかたち」という言葉が憲法に関する議論の中で頻繁に出ます。作家の故司馬遼太郎さんが雑誌に連載した随筆のタイトルです。憲法は「統治の基本構造を定めた最高法規」ですから、憲法に絡めて「国のかたち」が論じられるのは無理もありません。

そこで二十世紀の日本の「かたち」を歴史年表で振り返ります。大日本帝国憲法（明治憲法）と現行の日本国憲法の期間がほぼ半々になります。

一九〇一（明治三十四）年の冒頭に「一月二十六日　政府、北清事変などのため増税案」とあります。「〇四年二月四日　御前会議、対露交渉打ち切り開戦決定」、「〇五年一月一日　非常特別増税法改正」と続きます。

あとは坂道を転げるようです。日本の二十世紀は戦争で始まり、二つの大戦を経て一九四五年八月の敗戦で前半の幕を閉じます。この間、憲法で主権者とされた天皇が統帥する軍の暴走を、内閣も議会も止められませんでした。

国のあり方は憲法に由来

国民主権、戦争放棄などを定めた現行憲法の施行は一九四七年五月三日、三年後の一九五〇年元日、連合国軍最高司令官のマッカーサー元帥が「日本の憲法は自衛権を否定していない」と声明を出しました。きっかけは東西冷戦の始まりです。軍事力重視の国に戻るのか、一つの曲がり角でしたが、政府はその後も軍事を優先しませんでした。

軍事最優先の前期、世界有数の軍事力を持つとはいえ軍事を最高の価値とはしない後期――二十世紀における二つの「国のかたち」が憲法の違いに由来するのは言うまでもありません。

小沢一郎自由党党首の改憲論のキーワード「国際貢献」「普通の国」も広く知られています。カネを出すだけでは国際社会で信頼されない、軍事力も提供し血や汗を流せる国になるために古めかしく化石のような憲法を改正しよう、というものです。「憲法は不磨の大典ではない」とも言います。

でも、古いから悪いというものではありません。二百年以上も前のフランス人権宣言（一七八九年）は、フランス憲法の前文でいまでも有効と規定され、憲法判断の基準として生きています。ドイツは何回も憲法を改正し、柔軟な姿勢の模範のように言われますが、ドイツ憲法は日本なら法律で決めるようなことも含んでいるからでもあります。憲法の基本精神が大きく変わったわけではありません。

「新しい権利」に強い関心

それにしても小沢氏のような議論ができるようになった背景には、国民の憲法意識の揺らぎがあります。湾岸戦争以来、それは激しくなりました。改定肯定の意見が過半数を占める世論調査もあります。一九九七年四月の共同通信社の調査でも、積極的改定論、消極的改定容認論が合わせて六三%でした。

ところが、中身は微妙です。戦争放棄の第九条廃止が比較的多い調査もありますが、共同通信調査で改定賛成、容認論者が最も関心を示したのは「環境権など新しい権利の確立」です。『東京新聞』の二十一世紀工房が一九九九年の夏に行った調査では、「第九条は維持すべきだ」が六八%に達しました。この調査では、女性の六四・七%、男性の五五・七%が「平和憲法がなかったら、日本は世界各地の戦争に参加していたと思う」と答えています。

同じような不安はアジア各国の人々にもあります。日本の改憲論議について、香港の新聞『明報』は「通常、一つの国家の改憲問題は内政問題だが、日本の改憲論議については、日本の軍国主義の惨劇に見舞われたアジアの人たちは、論評するだけでなく賛否を表明する権利がある」

と論じました。

改憲論者の間では「新しい人権」という言葉も使われます。「知る権利や環境権、プライバシー権なども憲法に盛り込もう」と言うのです。

しかし、この主張は第九条改定への警戒感をやわらげるための〝迷彩〟という見方が一般的です。

憲法学者の間では、これらの権利は現憲法の第二一条（表現の自由）、第一三条（幸福追求権）、第二五条（生存権）などに含まれている、という考えが支配的です。現に、知る権利、プライバシー権は判例としても確立しています。より明確に、というのなら法律を制定すればいいのです。

プライバシー権や知る権利を世界各国に先駆けて認めた米国は、憲法に新たな人権条項を加えたわけではありません。ドイツ憲法には生存権など固有の社会権規定はありませんが、ドイツの社会保障が劣悪だという話は聞きません。

「国のかたち」は統治構造だけでなく、基本的人権のあり方とも密接に関係しています。したがって人権問題は憲法論議の重要な要素ですが、国会の憲法調査会の議論ではわきに押しやられた観があります。

それに、新しい人権条項の憲法への導入を言う政治家が、情報公開法制定や環境保全に熱心だったでしょうか。とうとうたる「規制緩和」「国際標準化」の流れの中で、生存権、労働者の団結権など社会権の存在感が薄くなっていることに、彼らが警告を発したことがあったでしょうか。

いまできること、しなければならないことを放置しておいて将来を語る。これでは「新しい人権」論がヨロイを隠す衣だと思われるのも仕方がないでしょう。

「歴史の教訓」を踏まえて

憲法調査会は、日本国憲法についての広範、総合的な調査をします。憲法改定のための提案権はありませんが、改定の発議権を持つ国会に設けられた機関の調査は重い意味を持ちます。それだけに、二十一世紀の「日本のかたち」を描くには言葉の投げ合いではなく、歴史の教訓と、世界、特にアジアにおける日本の位置づけを十分に踏まえた議論が必要です。私たちは、それを監視し注文をつけましょう。

（二〇〇〇・五・三）

2　教訓としての〝過去〟

私たちは、過ちを犯しても、それを教訓として将来に生かすことができます。そのためには、歴史が風化しないよう、生の事実を語り伝えなければなりません。

三年前、米国とベトナムの戦争指導者たちがベトナム戦争を検証した「ハノイ対話」の際、クリントン米大統領は「言い古された言葉でも『歴史から学ばない者は同じ過ちを繰り返す』という言葉の真実は変わらない」というメッセージを参加者に託しました。

そのクリントン大統領が沖縄サミット（主要国首脳会議）に参加し、糸満市の摩文仁の丘を訪れました。太平洋戦争で米軍に追いつめられた日本軍が組織的抵抗をやめ、大勢の住民が眼下のさんご礁の海に飛び込んだ丘です。

そこで大統領は何を思ったのでしょう。各国首脳は沖縄で歴史から学ぶ重要性を再認識できたのでしょうか。

摩文仁の丘に立つ「平和の礎（いしじ）」には、沖縄戦で亡くなった二十三万人の名前が、軍人、民間人、国籍を問わず刻まれています。照りつける太陽の下で一人ひとり名前を読んでゆくと、五十五年前の惨状がまぶたの裏に浮かんできます。

生身の人間として語る

同じ糸満市の「ひめゆり平和祈念資料館」、鹿児島県知覧町の「知覧特攻平和会館」でも似た経験をした人が多いでしょう。前者には学業半ばの十三歳から十九歳で散った「ひめゆり学徒隊」の少女たちの写真が、後者には特別攻撃隊員として出撃していった若者千三十五人の遺影や遺書、絶筆などが出撃順に展示してあります。

三つの施設に共通なのは、並んでいる氏名や写真が、訪れる者に抽象化された「神」としてではなく生身の人間として語りかけ、私たちの胸に迫ってくることです。特に平和祈念資料館、特攻平和会館では、幼さの残る少女たちの表情、家族を思いながら死地に赴く決意をつづった特攻隊員の遺書などから、生きたくても生きられなかった時代状況が生々しく伝わってきます。

これらの施設には苦しみ、悩みながら死んでいった人たちの真実があります。歴史の、決して美化できない部分を伝え、あの戦争の実態をリアルに語ってくれます。

一般化、抽象化により、ともすれば〝消毒〟された事実しか伝えない歴史書、学術書とは違って、役所の記録に生きた歴史が隠されていることもあります。富山県のある村に残された徴兵記録、正式には「兵事事務記録」を分析した書籍『赤紙』（創元社刊）がそのことを教えてくれます。

丸裸にされていた国民

普通、徴兵とか召集といえば、兵役年齢に達した男性を一斉にはがきで呼び出して軍隊に送り込むことを連想するでしょう。しかし、それは召集の一部にすぎませんでした。担当職員は、徴兵可能な年齢層の男性すべてについて、あらゆる情報を収集、把握していたのです。現在いる場所、自動車運転、機械修理、木工技術などの特技、宗教、思想傾向、病歴、周囲の評判……プライバシーを網羅した台帳を用意し、軍が個々の要求に合致する人物を個別に召集できるように協力するのも、兵事事務担当者の重要な仕事でした。

これがあの戦争のもう一つの側面です。コンピューターがなくても国民は丸裸にされていたのです。いまならいとも簡単にできるでしょう。

そんな台帳を作らせてはいけません。いやそんな台帳が必要な国にしてはいけません。

話をハノイ対話に戻します。出席者は元米国防長官のロバート・マクナマラ氏、元ベトナム民主共和国（北ベトナム）外務次官のグエン・コ・タク氏ら双方で戦争を指導した人々でした。一九九七年六月、南北ベトナム統一後の新しい国、ベトナム社会主義共和国の首都ハノイで行われました。

目的は「ベトナム戦争を回避、あるいはもっと早く終結することは可能だったか、可能だったとすれば何を誤ったのか」を検討することでした。詳細は『我々はなぜ戦争をしたのか』(岩波書店刊)に譲りますが、指導者が相手の考え方や能力について間違った判断を繰り返していたことが、四日間にわたった対話の結果、分かりました。

例えば、米国が北ベトナム爆撃を始めるきっかけになった一九六五年二月のブレイク基地攻撃をめぐっても、大きな誤解がありました。

ベトナム共和国(南ベトナム)政府軍と米軍事顧問団の重要拠点へのゲリラ攻撃は、ジョンソン米大統領(当時)の顧問、バンディ氏が撤退という選択肢も含む今後の方針を決めるため、情報収集に南ベトナム入りした翌日に敢行されました。そのため米側は「北ベトナム政府の挑発」と判断して北爆に踏み切ったのです。

米側の軍事関係者には軍トップの指令なしに敵の基地に大攻撃を加えるなど考えられなかったのですが、真相は現地ゲリラ部隊の突発的行動でした。ゲリラ側はバンディ氏の派遣を知らなかったのです。

指導者の判断ミスは、ときに国家の歩む道を誤らせますが、それでも、クリントン大統領がハノイ対話に向けた談話の後半で述べたように、過去から学べば教訓が得られます。

しかし、日本人は過去を直視するのが苦手ではないでしょうか。まして、昨今の政治情勢を見ると、指導的立場にある政治家の多くは、ハノイ対話を主唱したマクナマラ氏の「失敗を隠さず原因を究明し責任を明らかにする」姿勢と無縁のようです。

風化が進む太平洋戦争

あの戦争の〝風化〟が進んでいると言われます。一部では過ちを〝美化〟するかのような動きもあります。

若者は戦後という言葉で、「テレビゲームのような」と評された一九九一年の湾岸戦争を連想するそうです。

過去を見つめることを通じ将来を見通す英知を学ばなければなりません。そのために、戦争をテレビ画像の中でしか考えられない若者たちに、生の事実を語り伝えなければなりません。

（二〇〇〇・八・一三）

3　皆で一緒にやろう

多くの日本人が「ほっといてよ」精神でやってきた結果、この国は迷走状態です。「共同作業」という、もう一つの憲法原理に目を向けましょう。

沖縄県読谷村役場の村長室には、戦争放棄をうたった憲法第九条と公務員の憲法順守義務を定めた同九九条の条文が掛け軸にして飾ってあります。飾ったのは、二十三年間も村長を務めた山内徳信・前沖縄県出納長です。

この軸を背にして、山内さんは「一緒にやりましょう」と言い続けました。村民から何かを求められると、「請け負いません。皆で一緒にやりましょう」と答えたのです。

読谷村は、最高時には村の面積の七三％、いまでも四七％が米軍基地という基地の中の村です。「土地を取り返して」「基地を減らして」など住民の要求は切実です。

自分で取り組んでこそ

山内さんが、村長として政府や米軍との折衝にあたったのはもちろんです。その一方で村民にも行動するよう要求しました。

「若者が稼ぎに追われるのなら基地の一角にテントを張るだけでもいい。年寄りがその下に座り込んだらどうだ」——そんな調子でした。

野球場も、福祉センターも、役場でさえ、そうやって米軍用地の中に皆で協力してつくりました。村のことに住民自らが主体的に取り組んでこそ民主主義だと考えたからです。

日本国憲法は国民の権利、義務を定めています。自由が抑圧された明治憲法時代を経験している日本人にとって、なかでも思想の自由、表現の自由などの自由権は極めて重い意味を持っています。

自由こそが最も大事な憲法原則であり、民主制とか権力分立といった政治の仕組みは自由を確保するためにある、と言い切る人もいます。その人たちにとって、選挙権などは自由確保のための手段、ということになります。いうならば「ほっといてくれ」憲法観です。

本当にそうでしょうか。憲法第一条には「主権の存する日本国民」とあります。憲法は、この国民主権主義を基本にして国の統治の構造を組み立てています。

統治の基本は共同作業

統治構造とは、日本という共同体を構成する日本国民が一緒に平和に幸福に暮らしていくために、選挙によって国会を構成し、その国会を通じて内閣をつくること、国政は国会における討論を経て、最終的には多数決で決定されること、などです。

「一緒に平和に幸福に暮らす」という共通目的のために、選挙、討論など一定の共同作業が、ここでは求められています。統治の基本はまず国民が一緒にやることです。

ですから、「ほっといてくれ」と「一緒にやろうよ」は、どちらが目標で、どちらが手段などというものではなく、双方とも重要な憲法の柱といえます。

山内さんが村民の要求実現を請け負わなかったのは、一緒にやることが憲法の神髄と考えたからです。

ところが、私たちは放っておいてもらうことばかりに気を取られ、皆で一緒にやることを忘れてしまいました。その結果、放っておいてはいけない政治や行政を、不満を言いながらもプロに任せきりにしてきたきらいがあります。

衆院選の投票率は、人口の少ない地域ではなんとか七〇％前後になるものの、東京、愛知、大阪など都市部では五五％から六〇％前後にすぎません。一九九八年の参院選では投票時間延長、不在者投票の手続き簡素化の効果で五八・八％になりましたが、その前は下がり続け、一九九五年にはたった四四・五％でした。

政治の混迷、経済のかじ取り失敗のためのバブル破たん、不況の長期化など、この間に私たちが失ったものの大きさは計りしれません。その責任の一端は、しらけるばかりで積極的に行動しなかった人々の側にもあるのではないでしょうか。

自民党は、さすがに国民の愛想尽かしに危機感を持ち、従来の派閥の枠を超えた投票で小泉純一郎氏を総裁に選び、小泉氏はかなりユニークな内閣を編成しました。

しかし、これは七月の参院選向けの一時しのぎの〝変身〟かもしれません。また、小泉氏は、自衛隊を軍隊と明記するための憲法第九条改定を模索するなど、憲法の根幹にかかわる政策も打ち出しています。

この自民党と小泉政権を信任するのか、それとも政権交代へ向けてかじを切るのか。参院選に臨む私たちの重要課題の一つです。

主権者としての行動を

憲法の擁護も改定も、座していてはできません。主権者としてしっかり行動することが必要です。

さまざまな基本的人権やルールを定めた憲法を、単なる宣言文に終わらせず、本当に生きたものにするためにも行動しなければなりません。

「皆で一緒にやる」ことが大事なのです。

（二〇〇一・五・三）

4 歴史をかみしめる

日本のあり方が厳しく問われた、暑かった夏が終わります。「日本人は夏にだけ戦争を思い出す」と皮肉られないよう、戦争を、歴史を考え続けましょう。

「審判」がこの夏も劇団青年座により東京・新宿の劇場で上演されました。戦勝国が敗戦国を裁いた極東国際軍事裁判（東京裁判）を題材にして戦争そのものの不条理を描いた木下順二原作の演劇です。

青年座は毎年のようにこれを上演しますが、ことしは戦争世代、戦後世代の観客に交じって戦争を知らない世代が目立ちました。ステージごとに高校生百人を招いたからです。

狙いは若者に芝居に親しんでもらうこと、いわば「芝居への招待」でしたが、高校生にとって「歴史への招待」にもなったようです。寄せられた感想文の多くに、観劇が戦争を深く考えるきっかけになったことが記されていました。

受け止めたメッセージ

「戦勝国、敗戦国の両方が戦争を行った罪を償わなければならないと感じた」「時間とともに薄れる戦争の悲惨さ、特に原爆の被害の大きさを再び知らしめてくれた」「教科書でしか学んだことのない問題でここまで真剣に考えさせられたのは初めてです」——高校生は演ずる側のメッセージをきちんと受け止めました。

場面は変わって、東京・青梅市、ＪＲ青梅線河辺駅前の小さな歴史資料館。六十歳前後の男性が「これは新聞なんかではない」とうなるように言いました。壁には旧日本軍が南京を占領した一九三七年十二月の新聞が展示されています。

▽輝く南京入城隊▽城壁外に足掻《あが》く残敵▽大掃蕩《だいそうとう》戦の火蓋《ひぶた》切る

客観報道とはほど遠い、興奮した見出しが躍っています。壁に並んだ戦争中の新聞は国民の戦意をあおる記事で埋まり、「敵遺棄死体×百」などの記事が頻繁に出てきます。

傍らの戦時国債の前では、男性の妻が「勝ち戦と信じていた母が、倹約してせっせと買ったけど紙切れになった」と苦笑しました。約三十平方メートルの小さな資料館ですが、日本人の多くが知らなくなった戦争の実態を語る資料が詰まっています。

姿を見せない若者たち

資料館を開いた宇津木恒男さんの父親は一九四三年、海軍に召集され敗戦の年にパラオ島で餓死しました。公務員を退職したのを機に「現代史を知らない子どもたちに歴史を学んでほしい」と思い立ち、新しく始めた喫茶店の一角にこつこつ集めてきた資料を展示したのです。

ところが、訪れるのは中高年ばかり。肝心の若者が姿をみせません。宇津木さんは「せめてここで教師が学んで子どもに語り伝えてほしいのですが……」と嘆きます。

そういえば、広島の平和記念資料館（原爆資料館）の入館者も五年連続で減り続けています。二〇〇〇年は前年より十万五千人も少ない百七万五千人でした。外国人は増えているのに日本人の修学旅行生が減っているのです。

少子化に加え、海外への修学旅行が増えていることの影響もあるでしょうが、戦争の不条理、悲惨さなどから目を背けようとしているのだとしたら日本の将来が心配です。

二十世紀はまさに戦争の世紀でした。新しい世紀を日本人がどう生きるか。それを考えるには、まず過去を振り返ることが欠かせません。

敗戦の年に生まれた人が五十六歳ですから、日本社会のほとんどは戦争を経験していない人です。その人たちに正しい歴史を伝えるのは、歴史を知っている人、知ることができる立場にある人の責任でしょう。

宇津木さんの資料館に並んだ新聞は、私たち新聞人にも反省と新たな決意を迫ります。政府や軍の発表のままに、真実とかけ離れた報道を続け、国民を戦争に巻き込んでいった跡が歴然としているからです。

新聞はいまを伝えます。年月を経て歴史の資料となります。歴史資料や教科書では「何を伝えていないか」「何が書いてないか」が、「何を伝えたか」と同じくらい重要です。

戦争中の新聞は旧日本軍の勝利は伝えても、戦死者数や、占領地の人たちに対する日本側の振る舞いは正しく伝えていません。対米開戦間もない一九四二年四月、米軍機の京浜地区来襲を報ずる記事には「皇室は御安泰にあらせられる」とありますが、市民の安否には触れていません。

この教訓を生かし、私たちはありのままの歴史を伝えます。

迫られる日本人の選択

憲法改定をめぐる論議がかまびすしく、新しい歴史教科書、首相の靖国神社参拝をめぐりアジア諸国から歴史認識を問われています。いずれも日本人に国際社会における自らのあり方の選択を迫ります。

だからこそ、「自国の歴史への誇り」「民族的自尊心」などといった観念的論議より、歴史的事実の一つひとつをかみしめたいものです。

（二〇〇一・八・二六）

5 「戦争」という政治用語

「まず軍事行動ありき」の空気が気がかりです。テロは根絶しなければなりませんが、「何のための軍事行動」かじっくり考えなければなりません。

「戦争」とは言葉の意味としては「兵力による国家間の紛争」と解されています。しかし、国際法上は戦時国際法が適用される状態をさし、政府軍と反政府軍との内戦、占領軍に対する現地住民のレジスタンスも含まれます。

ニューヨークの世界貿易センタービルやワシントンの国防総省に対する航空機による突撃は、明らかにこの定義に当てはまりません。

これに対して米国防総省は「テロリズム」をこう定義しています。

「政治的、宗教的、もしくはイデオロギー的目的を達成するため、政府や社会に強要し、脅すために人やモノに対して不法に行使される力や暴力、または使用するという威嚇」

「新しい形の」と形容詞

犯行グループから具体的要求はありませんが、米国の捜査当局の調べなどからみて、こちらの方が事件とぴったり符合します。

にもかかわらず、ブッシュ大統領は、なぜ「戦争」という言葉をあえて使ったのでしょう。ここは慎重に考える必要があります。

結論を先に言えば、軍事力の行使を正当化するためです。テロは犯罪ですから当然、捜査しなければなりませんが、原則として軍隊は使えません。ですから「新しい形の」という形容詞こそ付けましたが、戦争と見なすことで軍事力発動を各国に容認させようとしたのです。

大統領の第二の狙いは国際協調の実現です。軍事力を行使しても、テロリストを国際的に包囲しなければテロを根絶できないというのです。

現段階ではこの作戦が成功しています。北大西洋条約機構（ＮＡＴＯ）が集団的自衛権発動を決めたほか、日本はもちろん、同盟関係にないロシア、中国、パキスタンなど多くの国が協調しています。

大統領は法律的意味で戦争という表現をしたわけではありません。激したあまりの突発的発言でもありません。政治的効果を狙った政治用語として使ったのです。

答えられない法的根拠

ところが、少なくとも日本では「戦争」という言葉をろくに吟味しないまま使っています。小泉純一郎首相は十九日の参院予算委員会で軍事力行使の法的根拠を問われても答えられませんでした。「米国が戦争状態と判断しているからできる」との趣旨の答弁をしただけです。

現実問題として、今回のテロリストの捕捉《ほそく》、テロの根絶は、軍事力抜きには難しいかもしれません。

しかし、戦争にはテロと違ってルールがあります。十七世紀初頭にオランダの国際法学者、グロティウスが提唱し、その後、ジュネーブ条約やハーグ条約などで明文化されました。厳密には守られていないにしろ、「非戦闘員の民間人に対する攻撃禁止」「病院など特定施設の攻撃禁止」などです。

米国が当面の目標とするアフガニスタンに対する攻撃では、罪のない民衆の犠牲が避けられません。米国内の興奮とテロ根絶に向けた国際的協調の中で、ここに目を向けた議論が忘れられていないでしょうか。

十八日にブッシュ大統領に会ったシラク仏大統領は、テロ撲滅で連携することで同意したものの、戦争という言葉の使用を留保し、武力行使への参加にも「目的と方法が米国と一致すれば」と条件を付けました。米国側の興奮状態を危ぶんだからでしょう。

憂慮すべき第二点は「報復」が声高に叫ばれていることです。戦争の理由付けにまでなっています。

文明が未発達な時代、あるいは統治機構が未整備の社会では、犯罪者、無法者への対策は報復しかありませんでした。江戸時代の仇《あだ》討ちのように、報復が社会的倫理である社会もありました。

文明社会ではこのような報復を否定し、理性から生まれた「法」という普遍のルールに照らして制裁、処罰するようになりました。このようにしてこそ、報復が報復を生む連鎖は断ち切られるのです。

ブッシュ大統領は「犯人を捕らえ法の裁きを受けさせる」とも言っています。

犯行にかかわった者に責任をとらせるのは国際社会の責務です。日本も当事者意識をもって主体的に参加すべきですが、「裁き」が報復のためなら文明の発達に逆行します。

危険な国際社会の興奮

外敵から本土に〝攻め込まれる〟のが初体験だった米国の国民が冷静さを失うのは無理もありません。しかし、国際社会が一緒に興奮すると泥沼にはまりかねません。小泉・ブッシュ首脳会談が行われますが、米国と連帯しながらも、冷静、客観的に事態を分析、評価して、時には忠告するのも同盟国の務めです。いや、はやる米国を押しとどめるのは平和憲法を持つ日本が交際社会に負う崇高な使命です。

（二〇〇一・九・二三）

6 非常の時だからこそ

国際テロと対決する日米両国の一部で〝思考停止現象〟が起きています。明日からの新聞週間を機に、真実の報道と議論喚起という新聞の使命を再確認します。

米国で、ブッシュ大統領を批判した新聞のコラムニストが、読者からの抗議で解雇されました。「遠くからミサイルを撃ち込む米国の方がテロリストより憶病」と発言したテレビ司会者は、番組のスポンサーに降りられ謝罪に追い込まれました。

ニューヨーク・タイムズ紙は、コラム欄で「いまこそ議論が必要なのに」とこれを戒めましたが、冷戦時代の初期に〝赤狩り〟のマスヒステリーを引き起こした、マッカーシズムのあらしを想起させます。

存在理由は真実の伝達

同紙には苦い経験があります。一九六一年、CIA（米中央情報局）の支援を受けた亡命キューバ人らによるキューバ侵攻計画を察知しながら、ケネディ大統領の圧力で報道しなかったことです。侵攻は失敗し、大統領は後に「あの時点で報道されていれば政府は失敗を免れた」と同社幹部に述懐しました。

新聞の存在理由は真実を伝えることにあります。新聞がつかんだ情報は原則としてすべて、読者の知識、歴史の一部にならなければなりません。率直に、かつ正確に伝えることで新聞の名誉は保たれるのです。

事実の伝達だけではありません。解説、評論でも同じです。率直な意見、感想をぶっつけて、議論することで真理は鍛えられ、誤りは正されるのです。

「現代生活のいろいろな側面を単に事象としてではなく、ゆがみや矛盾として扱う。現象の背後にある真理を探究し、偽物を排除し（中略）名誉が与えられるべきところには名誉を与え、偽善者やいかさま師は名指しで批判する」――英紙タイムズの名編集長だったウイッカム・スティード（一八七一――一九五六）は「理想の新聞」をこう描きました。

逆効果だった報道断念

新聞が役割を果たすためには、ものごとを疑うこと、決めゼリフに惑わされて思考停止に陥らないことが必要です。

ニューヨーク・タイムズに侵攻作戦の報道を控えさせたのは「国家安全保障」という言葉でしたが、報道断念が逆効果だったことは歴史が示しています。

いま、日本でも決めゼリフが横行しています。小泉純一郎首相は論理的説明ができなくなると、しばしば「常識（的）」という言葉を使います。「湾岸戦争の汚名返上」「国際協力」などの言葉には、時に反論をためらわせる響きさえあります。

非常時の慌ただしさにまぎれて突然、持ち出された「防衛秘密」の新設も、さしたる論議もないまま国会を通りそうです。

自衛隊法を改正し、防衛庁長官が「防衛秘密」と指定した事項を漏えいした人に、最高五年の懲役刑を科せるようにしようというのです。自衛隊員だけでなく、他省庁の職員、秘密に関与する民間業者も処罰の対象になります。過失による漏洩、未遂も罰せられます。

軍事に関することですから一定の秘密保護法制を用意するのは当然ですが、それは自衛隊法に既に規定があります。今回の改正では「防衛秘密」という秘密の分類が新たに設けられ、罰則は一気に五倍に引き上げられます。

一九八五年、自民党が提案したものの世論の猛反対で廃案になった、国家秘密法（スパイ防止法）案が復活したかのようです。テロに対する戦いを多くの国民が支持している機に乗じて、軍事機密の壁をぐんと厚くしようとの狙いが感じられます。秘密保持の強化、処罰範囲の大幅拡大、著しい重罰化で、自衛隊の動きや実態を国民の目から遠ざけようとするもくろみ、と疑われても仕方ないでしょう。

本来、戦力保持を禁じた憲法第九条を持つ日本には軍事機密などあり得ないはずなのに、このような法律が堂々と登場するのは憲法原理が無視されているからです。平和憲法の骨抜きは着々と進んでいます。

平時ならこの問題一つでも国会の内外で大議論が起きたはずですが、テロ対策特別措置法案の陰に隠れ、あまり注目されていません。国会議員の反応も鈍いのが実情です。

しかし、民主主義社会を最終的に動かすのは主権者たる国民です。私たちは国会議員にお任せするのではなく、自分で主体的に取り組まなければなりません。

国際テロと対決するために、何が必要で、日本には何ができるのか。何をすべきではないのか。どさくさに紛れて、不純な動機による、国民不在の危険な政策や法案がまかり通ってしまわないか。冷静、慎重に考えて行動しなければなりません。

そのために、国民に考える素材と多様な選択肢を提供する重大な使命を、新聞は負っています。あえて異を唱えることも大事です。

言葉に惑わされないで

非常の時だからこそ、より深く考え、より激しく議論しなければなりません。言葉に惑わされ、議論をあきらめてはいけません。常識といわれるものを疑うことも必要です。
　事実の正確な提示と問題提起、私たちに与えられた二つの課題を、これからも肝に銘じ、取材、報道にあたってゆきます。

（二〇〇一・一〇・一四）

7 情報の〝裏側〟を読む

旅客機によるテロ、不審船からのロケット砲攻撃と銃撃戦……衝撃的な事件が続きました。こんな時代だからこそ、情報に圧倒されない心構えが求められます。

「情報リテラシー」という言葉がはやりです。情報を読み解く能力、という意味です。例えば、田中真紀子氏がいまだに外相であり続けるのは、国民の情報リテラシーが高まったから、というふうに使います。

田中外相には適格性を疑わせる言動の情報が少なくありませんが、なかなか更迭論が広がりません。官僚が自分たちでコントロールできない閣僚を追い出そうとして、不適格情報を意図的に流している、と多くの国民が見抜いているからです。

衝撃映像が世論を決した

同じようなことを、ニューヨークの世界貿易センタービルに旅客機で突っ込んだ9・11テロの映像、東シナ海での北朝鮮の工作船と見られる不審船と海上保安庁の巡視船の銃撃戦映像などを素材に考えます。

どちらも衝撃的で豊富な情報が含まれており、世論に大きな影響を与えました。テロ映像は米国人の愛国心を極端に高揚させ、一気に戦争に駆り立てました。銃撃戦、特にロケット砲発射の映像は、巡視船の反撃に関する疑念を消し去りました。

しかし、情報入手、公表の経緯は決定的に異なります。前者はたまたまお天気カメラがとらえたシーンですが、はじめから報道目的で撮影されました。後者は計画的に撮影されましたが、公表には政府の意思決定を経ています。

政府の決断には意図があったに違いありません。銃撃の正当性を国民や国際社会に納得してもらうこともその一つでしょうが、それだけでしょうか。早くも巡視船の重武装と武器使用基準の緩和が叫ばれているところをみると狙いは明らかです。有事法制の整備を目指す国会を前にした映像公表は世論工作です。

隠れた事実にも目を向け

政府の公表決定は周到な計算に基づいています。北朝鮮の脅威を国民に強く印象づけることで、短期的には有事に国民の人権を制限する有事立法の制定を国民に容認させること、長期的にはミサイル防備など自衛隊の軍備を増強する環境づくりです。その先に憲法を改定して第九条という重しを取り除くことを視野に入れていることは言うまでもありません。

警戒しなければならないのは、衝撃的な情報に接すると思考停止に陥りがちなことです。情報の裏にも目を凝らし、隠れているメッセージや表に浮かび上がらない事実にも注目しなければなりません。

米政府が公表し、9・11テロの元凶とされるウサマ・ビンラディン氏が生存する証拠と言われたビデオテープはどうでしょう。米政府は「テロに関与したのは明らか」と言い、一般にもそう受け取られています。

アフガン戦争の長期化を予期した米政府が国民の厭戦気分が高まるのを防ぐため公表した、という見方が有力ですが、ビンラディン氏はなぜこんなテープを残したのでしょう。米政府が入手した経緯も明かされていません。画像の一部が不自然に飛んでいる、アラビア語の翻訳に欠落部分があるなどの不審点に納得のゆく説明はされていません。「明白な証拠」とまで言い切れるでしょうか。

9・11映像では、インパクトの強い情報は独り歩きし、予想外の効果をもたらすことも証明されました。情報の暴走です。本来、異なる思想や言論に寛容な米国人の冷静さが失われ、戦争を批判したり、米国がなぜ憎まれるかを論じたりすると「裏切り者」と非国民扱いされました。

コネティカット州の新聞『ハートフォード新報』が米軍の誤爆で死亡したとされる赤ちゃん

のカラー写真を一面に掲載した時は、五百五十人の読者から「テロリストに同情するのか」と怒りの声が寄せられたそうです。読者には戦火による民衆の苦しみが理解できなかったのです。読者、視聴者だけを責められません。情報は見る角度、視点によって見え方が変わってきます。ベトナム戦争と違い、今度の戦争は米軍の規制によりジャーナリストがあまり前線の現場で取材できないことが、送り出せる情報の質と量を制約していることは事実ですが、もっと大事なのは伝える側の視角、視点です。

アフガン戦争を報じる日本のテレビでは、軍事に詳しい記者がアフガニスタンの地図、立体模型の傍らに立ち、米軍の作戦を解説する場面が頻繁に放送されました。鳥観図的に全土を眺望し、爆撃地点にマークをつける視角は、偵察衛星を通じてアフガニスタンを見ている米軍首脳のそれと同じであることに、この記者は気づいていません。

楽観は禁物、不審船の問題でも、〝情報暴走〟の懸念があります。国家の尊厳や主権という角度からばかり議論すると国の針路を誤ります。国際社会における日本の位置なども視野に入れて慎重に考えましょう。

疑って考える努力を常に

テロは封じ込めなければなりません。他国の主権を踏みにじり、法を犯す勢力とは断固、対決しなければなりません。

しかし、事件、情報の衝撃に圧倒されて考えることをやめてしまうと社会の暴走を招きかねません。常に情報を疑い、目に見えない裏側も読めるリテラシーを高めましょう。

（二〇〇二・一・六）

8　監視される市民

私たちは便利さに気を取られ、もっと大事なことを忘れていないでしょうか。問題は住基ネットだけではありません。新しい監視社会の足音が近づいています。

今月（二〇〇二年八月）はじめ、横浜市で義父母ら三人を殺したとされる男が逮捕されたのは富山市でした。全国手配されていたとはいえ、容疑者と縁もゆかりもない場所で警察の目がなぜ光っていたのか、と不審に思った人もいるでしょう。

そこで浮上するのが「自動車ナンバー自動読み取りシステム」、通称Nシステムです。幹線道路や高速道路のあちこちで、鉄骨のアーチに箱型機械がいくつも据え付けてあるのを目撃した運転者は多いはずです。

手配車の追跡に威力発揮

箱の中にはカメラがあり、走行してくる自動車を監視、記録しているのです。手配されている車両の番号を連動するコンピューターに入力しておけば、どこを走っているか突き止めることができます。

横浜の事件の容疑者逮捕は、蛇行走行を怪しまれたのがきっかけ、と公式には言われていますが、警察はNシステムで容疑者の富山入りを確認していた、との見方があります。

反対運動をしている市民グループの調査によると、全国で七百基以上あるそうです。警察は設置数、設置場所を公表していません。

治安維持の有力な手段とは言えましょう。でも、カメラは通過するすべてのクルマを見張っています。近年はナンバープレートのほかに運転者、助手席の同乗者も視野に入っていると言われます。

やましくなくても、自分の行動がだれかに正当な理由もなく把握されているのは不気味なものです。どこで見張られているか分からなければなおさらです。自由に動くことをためらうかもしれません。

ましてシステムが犯罪捜査以外に利用されない保証はありません。

歓楽街にもカメラの網が

日本最大の歓楽街、東京・歌舞伎町に監視カメラ網が張りめぐらされたのは二〇〇二年二月でした。映像は警視庁と地元の新宿署に送られます。

暴力団組員が暗躍する街で防犯、犯人捜査の有力な手段となるでしょう。設置直後、早速「カメラのお手柄」がニュースになりました。

しかし、ここでもカメラに写るのは組員だけではありません。通りかかった市民もカメラを通じて警官の目にさらされています。

法律に触れない限り、どこで何をしていたかは、通常、プライバシーです。たとえ固有名詞が知られなくても、そのプライバシーを警察にキャッチされているのは不快です。

全国にはコンビニエンスストアの防犯カメラが警察と光ファイバーでつながった地域もありますが、歌舞伎町のカメラは「一見してそれと明らか」といったものだけではありません。こっそり撮影されることを覚悟で遊べということでしょうか。

治安維持のためには市民は監視されることをある程度は我慢すべきでしょう。しかし、市民的自由の制約は最小限でなければなりません。

三年前、犯罪捜査のための通信傍受法をめぐり、通信の秘密やプライバシーの問題が盛んに論議されました。同法に基づくいわゆる盗聴は裁判官の許可が必要ですが、監視カメラによる撮影は肖像権にかかわる問題なのに司法審査がありません。

それだけに撮影方法、映像の利用の仕方、保管方法、保管期間など透明なルールを作って第三者の検証を受けるべきです。利用者の顔を撮影して手配者リストなどと照合する監視装置を空港に設置した米国のパームビーチ市警では、市民団体との間で利用のガイドラインを作り、照合しない映像は自動消去しています。

「便利」「有益」には弊害も伴います。便利さは受け入れながら、自由か、不自由か、の二者択一ではなく、譲ってもいいもの、譲れない限界をもっと追求したいものです。

住民基本台帳ネットワークがこのまま完全稼働すると監視社会化は一層進むでしょう。住民票コードというマスターキーで国民一人ひとりの情報が集中管理されるのですから。

英国の作家、ジョージ・オーウェルが超監視社会を描いた逆ユートピア小説「一九八四年」を発表したのは一九四九年ですが、日本ではそれより前、既に監視社会でした。

太平洋戦争の際、市町村役場の兵事係は、徴兵対象年齢の男の住所、居所、職業、健康状態、評判や特技などを洗いざらい調べ上げたリストを用意し、軍の要求に合致する人に召集令状を出していたのです。

この発想でコンピューターを操られては、とぞっとします。

大きな流れに目を向けて

当時とは状況が違いますが、報道規制立法、私権を制限する有事立法が提案され、防衛庁の情報公開請求者リストが作られ、徴兵制合憲を公言する自民党議員もいます。

大きな流れの中に置くと、個別に見た場合とは印象が異なったり、見えなかったものが見えることがあります。虫の目だけでなく鳥の目でも観察して考えましょう。

（二〇〇二・八・二五）

9　破綻する専門家統治

頭で理解するだけの専門家の限界が、さまざまな場面で露呈しています。現実を「実感として分かる」人にゆだねないと、この国の統治は破綻します。

小泉純一郎首相の訪朝の結果、もたらされた悲報には日本中が衝撃を受けました。朝鮮民主主義人民共和国（北朝鮮）に拉致された人々の家族は、やり場のない怒りを外務省にぶっつけています。

北朝鮮を国際舞台に引き出す糸口を付けた――と胸を張るつもりだったであろう外務省の幹部は思惑が外れ混乱しています。彼らが私利私欲から日朝首脳会談をお膳立てしたかのような度を越えた批判も、週刊誌などには見られます。

「実感として」分からない

官僚たちが、国際社会安定のためには北朝鮮を放置できないと考え、外交のプロとして行動したことも、被害者家族のつらさを理解しているからこそ安否情報を相手に求めたことも、間違いないでしょう。

　では、なぜこんな混乱が起きたのでしょうか。あれこれ説明はできますが、核心は、彼らは家族の置かれた立場や心情を頭で理解していただけで、実感としては分かっていなかっただろうということです。

　省庁の幹部官僚は、偏差値エリートとして受験競争を勝ち抜き、入省後は幹部になるための特別待遇を受けながら行政の専門家として育てられ、急スピードで昇進します。

　しかし、社会、経済的に恵まれているだけに、広い社会の風に当たる機会が少なく、限られた生活体験しかしていません。したがって思考の柔軟性に欠けることが多く、新たな問題への対処をしばしば誤ります。北朝鮮からの予想外の回答に驚き、動転したのはそのためでしょう。

　彼らは想像力も乏しく、弱者の心のひだまではなかなか読み取れません。このため、情報の細部を確認せず家族に伝え、しかも小出しにして家族を一層怒らせました。

人事交流で風通しを良く

　裏には、自分たちの手法と判断が常に正しいという自負、というより過信が感じられます。

　しかし、古い感覚で育てられた官僚による支配の破綻は、今度の事態で明白です。ノンキャリアの思い切った登用や他省庁、民間との人事交流で風通しを良くし、官僚に「実感としての知」を身につけてもらわねばなりません。

これは外務省特有のことではありません。想像力を育み、発想豊かな人間を育てるにはどうすべきかという、教育や人材登用にかかわる一般的問題なのです。

〝子飼い教育〟を受けながら昇進していく点で行政官僚と共通点がある裁判官に関しては、こんな逸話があります。

五月の憲法週間に、ある地方裁判所を弁護士出身の最高裁判事が視察した際、その裁判所に所属する裁判官との懇談会が開かれ、一人の裁判官が言いました。

「私たち職業裁判官は非常識といわれるが、たくさんの事件を扱うのでむしろ並の弁護士より事件のことを知っているつもりだ」

最高裁判事はこう言ってたしなめたそうです。

「君たちが書類を見て知ったつもりになっている事件と生の事件は全く違う。弁護士でも、依頼者とともに泣き、苦しまなければ、事件の本当のことは分からないんだ」

頭で理解するだけでは駄目だ、というわけです。その辺を考慮して、司法改革では法律家が事件を実感として分かるようにするシステムづくりを進めています。実務と理論の懸け橋となるロースクールにおける法律家の養成、判事補の弁護士業務経験、多数の弁護士の裁判官への任官などが目標です。

いずれも改革のカギを握るのは弁護士です。事務所に依頼者を呼びつけて「センセイ」と呼ばせることに慣れきった弁護士が、ロースクールの教官や裁判官になっても改革は掛け声倒れになりかねません。

依頼者とともに泣き、苦しんだ弁護士が中心になり担ってこそ「国民のための司法」が生まれます。

国会が多数の世襲議員で占められていることも懸念材料です。その反映で、小泉改造内閣の閣僚の半数以上が何らかの形の世襲議員です。

彼らはある意味では専門的政治家ですが、遺産票で若くして議員になり下積みの社会生活を経ていませんから、庶民としての嘆きや苦しみを経験していません。

ですから、割り切った二項対立式の単純な議題設定をして、論理先行で危うい結論を出しがちです。

これも早晩、破綻するかもしれません。

「プロにお任せ」から脱却

理論も論理も大事です。感情を厳しく排しなければならない場面はあり得ます。しかし、現実を離れた論理は空疎であり危険です。

実感としての認識レベルで冷静に組み立てられた理論や論理こそが、民意を統治に正しく反映させる道です。そのために国民は専門家任せから脱却しなければなりません。

（二〇〇二・一〇・六）

10 異論を伝えてこそ

難しかった年が暮れ、さらに多難な新年を迎えようとしています。困難であればあるほど冷静でなければなりません。それには多様な言論、報道が不可欠です。

北朝鮮の核開発、拉致問題などについて報道する時、テレビのニュースキャスターは極端に緊張します。少しでも日本政府の方針に疑問を呈したり、拉致被害者の意に染まない発言をすると、視聴者から「北朝鮮の味方をするのか」などと非難の電話が殺到するからです。

二〇〇一年九月、航空機のビル突入という同時テロがあった米国でも同じ現象が起きました。テロリストに対する怒りが極端なナショナリズムとなって社会を覆ったのです。

報復一色だった米国社会

報復戦争を叫ぶブッシュ大統領を批判した新聞のコラムニストは読者からの抗議で解雇され、戦争に反対したテレビ司会者はスポンサーから番組提供を拒否されて謝罪せざるを得ませんでした。各地で政府批判の言論が封じられ、社会は報復一色に染まりました。法改正で盗聴が大幅に認められ、アラブ系留学生などの身柄を裁判官の出す令状がなくても拘束できる法律も成立しました。「自由の国アメリカ」はいずこへ、です。

さすがに米国人もゆき過ぎに気づいたのでしょう。最近はこうした雰囲気を反省する知識人、ジャーナリストの発言が目立つようになってきました。しかし、イラク問題では、米国でも日本でも、ともすれば冷静さを欠いたイラク悪玉論が語られる傾向は否定できません。

第二次世界大戦の最中、日本の新聞、放送はすべて政府の検閲を受けました。当然、報道は国策に忠実な内容ばかりで、それに反した報道をすると処罰されたのです。

当時、政府の情報局がつくった、ニュース放送検閲の基準とその解説の骨子を、現代文に直せば次のようになります。

異論を封殺した報道検閲

▽国民に対して適当かどうか。

国民に知らせてよいものと悪いものを国家的見地から取捨選択する。

▽日本的枢軸的観点にあるか。

ニュースは日本的観点に立つべきであり、同盟国ドイツ、イタリアに不利なものも許されない。第三者的観点の報道は国民に判断を委ね、自由主義的観点を与えるので禁止。
▽政府に協力的か否か。
ニュースは政府に協力的、国策推進的でなければならない。
▽敵に利用される恐れはないか。
われに不利なニュース、敵に逆用されるニュースは絶対避けよ。

読めば分かる通り、目的は異論の封殺です。検閲でジャーナリストからニュースの選択権が奪われた結果が、あの悲惨な戦争被害でした。

あれから半世紀余、特に気掛かりなのは、北朝鮮で死亡したとされる横田めぐみさんの娘キム・ヘギョンさん、曽我ひとみさんの夫らとのインタビュー報道への非難です。

「拉致問題に関する国の方針に反する」「国策無視だ」「北朝鮮の宣伝に乗るのか」などの声がわき起こりました。この反応が情報局の検閲基準に似通っていませんか？

北朝鮮の非道は厳しく批判され、一日も早く被害者、家族の原状が回復されるべきですが、民主社会の基盤は多様な言論です。さまざまな個性、意見をぶっつけ合い、議論の交錯によってつむぎ出された結論に従う方が、特定の人物や団体に任せてしまうよりは、過ちが相対的に少ないと考えられるからです。

そのため、情報や知識を多角的に伝えるのが報道機関の使命です。偏見、対立当事者の宣伝さえ時には国民の貴重な判断材料になります。

異論を報じてこそジャーナリストやマスメディアの存在意義がある、とも言えましょう。それが許されなければ北朝鮮と同じです。

日本のファシズムを鋭く分析した東大教授の政治学者、故丸山真男さんは「知識人の転向は、新聞記者、ジャーナリストの転向から始まる。テーマは改憲問題」と手帳に書き残しました。丸山氏が何を懸念したかは推測するしかありませんが、メモが書かれた一九五六年には、後に撤回したものの鳩山一郎首相が国会で憲法第九条に反対を表明し、内閣に憲法調査会が設置されました。背景には朝鮮戦争がありました。

改憲を前提にしないとして国会の憲法調査会で始まった論議は、明らかに第九条廃止を中心とした憲法改定を指向しています。防衛秘密探知に重い刑罰を科すよう自衛隊法が改正され、自衛隊の海外派遣はなかば常態化し、有事法制が政治の焦点になっています。

憲法問題に限りません。内には不況、財政難、外を見れば北朝鮮、イラクなど難題が山積しています。

多様な言論で冷静な判断

難局に直面した国家で偏狭なナショナリズムが台頭し、国民の多くが冷静さを失って禍根を残した幾多の歴史があります。そうなるのを防ぐのは活発な言論、報道がもたらす豊かな情報です。
　再び丸山氏のようなメモが書かれないよう、是は是、非は非としながら異論もきちんと伝え続けます。

（二〇二一・一二・二九）

11 〝軍事〟を隠し改憲へ瀬踏み

戦争の実相は見えるようで見えません。現場にいてもなかなか真実を見抜けないのが普通です。まして意図的に隠されたら国民は肝心な時に判断を誤ります。見えず聞こえない部分に目を凝らし、耳をそばだてて軍事のベールをはがさないと平和憲法は守れません。

情報は時にミサイルや銃弾より強力です。それだけに戦争には宣伝、世論工作が付き物です。第一次湾岸戦争の際、慎重論が多かった米国の世論を戦争容認に転換させた少女の記者会見が、つくりものだったことはよく知られています。クウェートから脱出したという触れ込みでイラク兵の残虐さを訴えましたが、少女は米在住のクウェート国連大使の娘で、同国政府が資金を出して広告会社に会見を実施させたのです。

日常的な情報操作

ボスニア紛争では、ボスニア政府が膨大な資金で米国の広告会社にさまざまな工作をさせ、自国に有利な国際世論をつくり出すことに成功しました。

　自分に有益な情報を積極的に報じさせ、不利な情報を封じ込めようとするのはごく普通です。イラク戦争の開始直後、投降するイラク兵の映像の報道に黙っていた米国防総省が、米兵の遺体や捕虜の映像放映を批判し、メディアに自粛を求めたのは一例です。

　これらの報道は米国民の戦争支持率を低下させ、軍の士気に悪影響を与えるかもしれません。しかし、事実を伝えるのが使命の報道機関としては避けるわけにはいきません。

　本人の尊厳を傷つけたり、留守家族の不安をあおったりしないよう、氏名を伏せ、正面から撮影した映像を避けるなど工夫はいりますが、捕虜の映像は戦場の生の姿、悲惨さを伝える重要な情報です。

　イラク戦争ではとりわけ情報戦が盛んでしたから、提供された情報は宣伝、操作を疑わなければなりませんでした。イラク国営放送による米兵捕虜の映像配信は明白な宣伝でしたし、フセイン大統領の爆死説、バスラでの民衆蜂起説などは、逆に米英側が発した期待含みの偽情報だった疑いが濃厚です。

　記者を戦場へ近寄せず批判された湾岸戦争の経験から、米軍は約六百人の従軍記者を受け入れましたが、取材、報道は厳しく制約されました。現場にいる記者でさえ戦争の実態をつかみきれないのが現実でした。

　こんな時は、報道する側も受ける側も、即断を避けて一つひとつ情報を慎重に吟味し、裏を読み取る努力をするしかありません。

イラクのような国ではもちろん、西側民主主義国でさえ、権力を握る側は情報操作することでメディアをも武器にしようとしますが、自分たちの国に不利な情報でも、国民に伝えて判断を仰ぐのが報道の正しいあり方です。メディアには「武器にはならない」自戒が求められるのです。

取材制限は時代錯誤だ

まして戦力不保持を定めた憲法を持つ日本には軍事秘密などあり得ないはずです。自衛隊の行動は国民の監視、チェックを受けるのが当然であり、国民の知る権利に応える取材、報道は最大限自由でなければなりません。

ところが、イラクへの自衛隊の本体派遣を前に防衛庁が打ち出した方針は、まさに反憲法的な情報統制でした。報道陣に現地での取材、報道の自粛を求め、制服組トップの定例会見を廃止すると通告したのです。会見廃止は当面保留となりましたが、主権者の目と耳をふさぐのは甚だしい時代錯誤です。

情報源に対しなるべく随時、原則として自由に接近できてこそ報道は多様な情報を国民に提供できるのです。軍事行動といえども主権者の目が届かなければならないのは民主主義国家の大原則です。イラクへの自衛隊派遣は世界の人々にも十分情報が伝えられなければなりません。もちろん、軍の組織や軍事行動に関する取材、報道には守るべき一定の限界があります。勝手に取材し何でも報道とはいきません。取材、報道で隊員を危険にさらしたり、部隊活動を妨げるようなことがあってはなりません。取材の自由とはいっても、報道関係者の行動が部隊の足手まといにならないように配慮も必要でしょう。

しかし、派遣部隊の現地での様子は東京での説明やホームページによる情報提供で報道せよという防衛庁の方針は、戦前の〝大本営発表〟を想起させます。自由な取材、報道が許されず、軍が発表した偽りの情報ばかりを報道させられた結果、国民は真相を知ることができず泥沼に追い込まれていったのです。政府、防衛庁の首脳はこのような歴史から何も学んでいないといわざるを得ません。

軍事隠しは改憲の前触れ

一九六一年、カストロ政権打倒を狙った米国が亡命キューバ人の武装集団をキューバに送り込んだピッグス湾事件は、政府と報道機関の緊張関係の大切さを教えています。当時のケネディ米大統領はニューヨーク・タイムズに圧力をかけて報道をやめさせましたが、侵攻に失敗し「あの時、報道されていれば政府は大失敗を免れた」と振り返りました。政府に都合の悪い情報でも、国民にとって必要なら伝えるのが報道機関の使命なのです。

自衛隊法の改正で防衛庁、自衛隊に関する情報の漏洩が一般の行政秘密より重く罰せられることになったのは二〇〇一年一〇月でした。それに続いて、「軍事秘密」の漏洩どころか「軍事情報」への接近さえ阻もうとする防衛庁の姿勢は、日本国憲法の国民主権、平和主義を骨抜きにするものです。

防衛庁の方針は小泉純一郎内閣の方針でもあります。人気獲得のため表面では国民向けのパフォーマンスを繰り広げながら、都合の悪いことは秘密のベールに包む姿勢になぜ国民はもっと厳しい目を向けないのでしょう。自衛隊を自衛軍として公認し、海外派兵を可能にする憲法改定への道筋を開こうとしているのはほかならぬ小泉内閣です。

（二〇〇三・三・三一）

第3章

改憲のアラシに抗して

1　時代の道案内として

満五十五歳になった憲法の精神に今後も若さを保たせるには、私たちが道しるべとして生かさなければなりません。利用されない憲法は死んだ文章にすぎません。

空が海に溶け込んだような一面の青と青緑を背にして、故小渕恵三元首相がほほ笑んでいました。沖縄県名護市にある万国津梁館の前庭。主要国首脳会議（サミット）をここで開いた元首相に感謝して、地元の財界人らが建てた銅像です。

しかし、先月（二〇〇二年四月）二十二日、万国津梁館の国際会議場では、小渕さんの笑顔とは裏腹に緊迫した議論が行われていました。衆院憲法調査会の公聴会が開かれたからです。

制憲議会に代表送れず

一九四六年、米軍統治下にあった沖縄の県民は制憲議会に代表を送れませんでした。一九七二年の施政権返還によって、本土より二十七年遅れて現憲法下に組み込まれましたが、県民が憲法について公式の場で意見を述べるのは公聴会が初めてです。

太平洋戦争で住民が地上戦に巻き込まれた土地だけに、六人の公述人のうち四人が憲法調査会への警戒感と有事法制への懸念を示しました。

「沖縄ではまだ憲法が完全適用されたことはないのに、古くなったから変えようというのか」

「沖縄はとっくに有事法制下だ」

広大な基地の重圧にあえぎ、米軍の事故や軍関係者の犯罪に悩む沖縄の人ならではの発言です。一九九七年に米軍基地用地特別措置法を改正し、民有地を地主の意に反しても使い続ける手続きを強化したのは、沖縄駐留の米軍のためでした。

公述人からも傍聴人からも「果たして政府は平和憲法を生かす努力をしたのか」という声が出ました。

そんな沖縄では「憲法調査会は改憲を前提にしていない」と言っても信用されません。県民たちの目には「調査」という衣の下に「第九条改定」というヨロイが見えてしまうのです。

糖衣の下に見えるのは

沖縄にも「現実に目を向けよ」と軍事力整備を主張する世代が育ちつつあることは事実です。それに各種世論調査では、全国的にいわゆる改憲アレルギーが弱まり、憲法改定を肯定する人が多数を占めるようになりました。

ただし、それらの人が主として関心を寄せているのは、環境権、生存権、人格権の明記や情報公開の強化などです。それに対し改憲論の国会議員の多くは自衛権明記、軍隊保持の明文化の必要性を唱えています。両者のギャップを無視して「世論は改憲を支持」とだけ言うのは一種のトリックです。

環境権、生存権という言葉が、たとえ条文になくても、憲法の精神には合致していますから法律で対応できます。憲法を変えるより新法を制定する方が簡単なのに、環境権、生存権確立のための立法に努力した改憲論者がいるでしょうか。

沖縄の公聴会でも、調査会委員のある国会議員が「現行憲法には福祉や環境権などに関する規定がないから……」と公述人に問いかけました。すると、女子高校生の公述人が「判例で認められたものもあります。憲法に入れる必要はありません」とすかさず切り返しました。

彼女は環境権論を〝糖衣〟だと見たに違いありません。その下に苦くはあっても良薬があればともかく、とんでもないものが隠されている、と警戒したのでしょう。

糖衣の悪用が目立つ昨今の政治情勢を見ると、この高校生の懸念が取り越し苦労とは言い切れません。

小泉純一郎首相は、自民党議員の伝統的思考、行動パターンとは違うと見せかけながら靖国神社に参拝しました。あそこには戦争に駆り立てられた人だけでなく、駆り立てた人も同じようにまつられています。だから中国や韓国が反発するのです。

個人情報保護法案、人権擁護法案も同様です。人権を守る法律をつくるという政府は一見、市民の保護者ですが、表現・報道の自由が損なわれる恐れがあります。個人情報の保護、人権救済という名目が、国民の「知る権利」を侵すという法案の反市民的性格を隠す仕組みになっているのです。

表現の自由と個人の人権などを両立させながら、情報の内容によっては個人情報、プライバシーでも国民の「知る権利」を優先させる。これが憲法の精神です。

「新憲法がわれわれの血となり肉となるように、その精神を生かしていかなければならない」――現憲法施行に先立ち、政府の憲法普及会から出版されたパンフレット「新しい憲法」の一節にこうあります。

迷った時は光を当てて

米連邦最高裁の長官だったウォーレン・バーガーは「憲法は時代の道案内だ」と言いました。憲法を血肉化するには、道に迷った時、必ずこれに光を当てることが大事です。目の前に見える道へすぐ歩み出すか、踏みとどまって地図を見ながらじっくり道を探すか。私たちの将来がかかっています。

（二〇〇二・五・三）

2 〝平和ボケ〟は敗れたか

私たちにとって憲法とは？　この問いかけが、今年（二〇〇三年）はいつも以上に重くのしかかります。条文を自分の言葉に置き換えて考えましょう。理念が実感をもってきます。

イラク戦争の報道で新聞紙面に躍る「空爆」の文字に心を痛めた人たちがいます。「空襲」を体験した世代は、「空爆」という爆弾を落とす側の用語が平気で使われる、時代の雰囲気がやりきれなかったのです。

先の東京都知事選を樋口恵子さんは「軍国おじさんと平和ボケばあさんの対決」と位置づけ、〝ボケ〟と開き直って平和の大切さを訴えました。その樋口さんが落選し、「空爆」への違和感が無視されたのは、平和ボケの敗退でしょうか。

個人の連帯で世論を形成

開戦を前にして、国連を舞台に国際社会が米国の独善的世界観にぎりぎりまで対抗し、世界各地で反戦デモのうねりが起こりました。

日本で目立ったのは参加者の明るさです。デモに付き物の政党や労働組合の宣伝カーがみられず、憲法九条を声高に叫ぶ人もいません。彼らは高ぶらず、深刻ぶってもいませんでした。動員されたのではなく、個人の判断で参加した市民が主体のデモだったからです。

インターネットでは、国境、使用言語の違いを超えて戦争反対のメッセージが大量に飛び交いました。

それでも結果としては戦争を阻止できませんでした。その点だけをとれば、反戦の国際世論はブッシュ米大統領に敗れました。

しかし、二カ月は開戦を遅らせ、国連安保理に戦争のお墨付きを与えさせませんでした。国家としての思惑や組織の論理とは無縁な個々人が連帯して、世論を形成できるようになったのは大きな収穫でした。

都知事選の結果も「軍国おじさんの勝利」と言えるほど単純ではないでしょう。日本も世界も、「軍国おじさんか平和ボケばあさんか」といった二者択一の図式では理解できなくなっているのです。

内容を知らずに改憲主張

表現・出版・報道の自由についても同じことが言えます。一九六〇年代の後半、創価学会と公明党が、自分たちを批判する書籍の出版を、自民党の有力政治家と結んで妨害した事件がありましたが、いまはそんな露骨なことはしません。

メディア規制法の色彩を帯びた個人情報保護法案、人権擁護法案などでは、容赦ない批判報道にいらだって「何とか抑えつけたい」と考えた政治家たちの本音が、「市民の名誉やプライバシーを守る」という糖衣で包まれています。

他方で、行政機関が国民の個人情報を利用しやすくなっているのは、これまで指摘してきた通りです。

週刊誌に攻撃されている一部政治家とその支持団体を中心に、名誉棄損の賠償金を巨額にする、からめ手からの報道規制の動きもあります。実現すれば報道が委縮し、国民の目と耳がふさがれそうですが、ここでも「市民の人権」が名分です。

いま開かれている国会の焦点である有事立法の政府案では、政府が国民に協力を求め、国民の自由や権利を制限できるとしながら、制限、協力の中身ははっきりしません。それは法成立後に詰めるというのです。

これでは政府に人権制約の包括許可状を渡すことになりかねません。いかに有事でも、そうなると行き過ぎです。ドイツでは国民に求めることをまず個別法で明確にし、基本法で全体に枠をはめました。

社会が複雑多様化した現在、憲法に関しても、いま起きている事態、進んでいることの裏側を見極めなければなりません。それには憲法を正しく理解することが必要です。

二〇〇二年三月に実施されたＮＨＫの世論調査によると、「憲法改正の必要あり」との答えが、この十年間で三八％から五八％に増えました。ところが、国民主権、基本的人権の尊重、平和主義という日本国憲法の基本原則を三つとも知っている改憲意見の人は少なく、半分以下だったのです。

十分な憲法知識なしで改憲を主張する。各種世論調査で過半数を占めるに至った改憲論の一断面です。

ある大学で詩人、谷川俊太郎さんの訳した世界人権宣言を教材にすると、学生たちは目を輝かせて講義を聞きました。普段は新聞もろくに読まない学生が何人も「原文を読みたい」と教授の部屋を訪ねました。

谷川さん訳の人権宣言は例えばこうです。

「わたしたちはみな、生まれながらにして自由です。ひとりひとりがかけがえのない人間であり、その値打ちも同じです。だからたがいによく考え、助けあわなければなりません」（第

一条）

自分の言葉に言い換えて

谷川さんが自分の頭で考え、いつも使っている言葉で語ったから若者の心に響いたのです。「すべての人間は（中略）尊厳と権利について平等である。（後略）」という国際法学者の翻訳ではそうはいきません。

憲法も、自分の言葉に言い換えて考えれば、親しみがわき、その奥深さが理解できるでしょう。

（二〇〇三・五・三）

3 〝乱麻を断つ〟危うさ

少年犯罪、長引く不況……難問山積の中で〝快刀乱麻を断つ〟ような小泉流政治表現への警戒があまり見られません。糸のもつれをほぐす多重思考がもっと必要です。

「単純に、分かりやすく、繰り返す」――ナチスの宣伝の基本でした。宣伝の天才といわれた宣伝相ゲッベルスの考案と伝えられています。

世の中のことは、さまざまな要素が絡まり合っています。連立方程式を解くように、複雑な網の目をほどいていかなければ、問題の真の解決は得られません。

しかし、それには時間がかかりますし、単純化した方が大衆の理解、支持を得やすいことは歴史が示しています。複雑な部分は切り捨て「右か左か」式に提示するのです。

巧みな修辞で高い支持率

「抵抗勢力」「聖域なき改革」など巧みな修辞で国民をひきつけ、高い支持率の小泉純一郎首相とイメージが重なる、という人がいます。

ナチスはメディアの利用も上手でした。放送を通じてプロパガンダがドイツ中に行き渡るよう、「国民受信機」と名付けた安価なラジオを量産、普及させました。生まれたばかりのテレビで党大会を実況中継させたりもしました。

小泉首相は、テレビカメラの前で政治状況を単純明快に論評し、時には対立相手を短い言葉で切ってさっと消えます。新聞などの活字メディアと違い、映像優先で議論や論理的考察を省きがちなテレビは、政治家の宣伝に好都合なのです。

長引く不況で閉塞状態の中では、小泉流の「快刀乱麻を断つ」式の課題設定や言動が小気味よく感じられます。敵を明確に指摘されると、それを攻撃して留飲を下げることもできます。状況もナチス台頭の背景に似ているのが気になります。

怖いのは小気味よさがもたらす思考停止です。大事を見逃し、後で悔やむことになりかねません。小泉改革の裏で、歴史や憲法に照らすと気がかりな事態が進んでいます。

既に起きている思考停止

自衛隊の海外派遣拡大、「痛みの分かち合い」を名目にした福祉の見直し、クビ切り経営者が有能であるかのように評される安易なリストラ……どれをとっても事柄の重大性に比べて国民の間の議論は十分とはいえませんでした。従来の難問があっさり国会を通過しています。

思考停止社会では、言語の明瞭さに惑わされて本質を見失うことがままあります。詭弁、無責任な発言もまかり通ります。

小泉政権下では、既にしばしばそうした現象が起きています。

「フセイン大統領が見つかっていないからといって、フセイン大統領がいなかったとは言えない。同じように大量破壊兵器が見つからないからといっても、なかったとは言い切れない」

こういう趣旨の首相発言は国会という公式の場で行われました。論理的には全く破綻していますが、首相にとってさしたる失点にはならなかったようです。

「どこが非戦闘地域かと今、私に聞かれても分かるわけない」――こんな最高司令官が非戦闘地域なるところに自衛隊を送り出すことも認められました。

民間企業の給与水準が低下し、高齢者の命綱である年金が減らされる時代に、公務員給与を下げるのはやむを得ません。でも、それを当然と言う口で、「国会議員の歳費や手当も下げよう」「特権を見直せ」と、なぜ叫ばないのでしょう。地方議会では見直しが始まっています。

物価が下がれば、議員の消費する物品や役務の対価も減るはずです。選挙民と痛みを分かち合うべきだとの声が高まらないのは、〝快刀〟で切り伏せた相手の陰にいる、もっと大きな敵を見失っているからではないでしょうか。

「知の退廃」とでも言うべき現象も目立ちます。ネット上では、少年犯罪をめぐり「目には目を。

命には命を」「親も同罪」といった議論が飛び交っています。

法による支配、人格の独立と個人責任、報復の連鎖からの脱却など、長い間に人類の英知で築かれた原則が崩れようとしているのです。

本来、理知的な人が担うべき政治の世界でも、知性欠如の露呈がさして恥ずかしくなくなりました。

「集団レイプする人はまだ元気があるからいい。正常に近いんじゃないか」(太田誠一・自民党行政改革推進本部長)

「(長崎で男児殺害事件を起こした少年の)親は市中引き回しのうえ打ち首にすればいい」(鴻池祥肇防災担当相)

これらの発言を歯切れ良い本音の吐露と評価する人さえいます。

「軍隊を持たない国家なんて戸締まりのない家のようだ」という単純な二項対立式の改憲論に惑わされている人も少なくありません。

自ら考えて主体的に行動

半世紀余り前、日本人は複数の選択肢を持たず、「鬼畜米英」「敵撃滅」など単純なスローガンで悲劇の結末に突き進みました。

政治、社会のあり方を考え主体的に行動することは、自由な社会に生きる者の次世代に対する責任です。軽々に乱麻を断たず、連立方程式に挑む努力が求められています。

（二〇〇三・八・二四）

4 新たなタブー？ 護憲論

過ちを繰り返さないために、常に過去を見つめ直し、将来への展望を熟慮しなければなりません。憲法論議は、誕生時の理念にこだわって進めたいものです。

「徴兵される恐れのない人が徴兵制を主張するのは不道徳だ」――憲法に関する講演会である教授が言い放ちました。高齢の男性聴衆から「いまの若者は徴兵がないからだらしない」として徴兵制への賛同を求められた時のことです。

太平洋戦争に学徒動員された教授は、南方の戦場で九死に一生を得て復員し、苦労して政治学者になりました。その経験から、安全な場所にいて勇ましいことを言う人にはがまんできないというのです。

聞こえてこない若者の声

東京大学教授の大沼保昭さんは法律雑誌『ジュリスト』一二六〇号で護憲的改憲論を主張し

ています。「現憲法は、国家を運用する主要世代である四十代から六十代の人にとっては自分が生まれる前、せいぜい未成年の時代に作られたものである」「自分たちが制定に関与できなかった憲法で国家を運用することには無理がある」と言うのです。

世論調査で憲法改定容認が多数を占めるようになったのは、大沼さんと同じことを感じている人が多いからかもしれません。

ただ、数字はあっても若者の肉声が聞こえてきません。国会とその周辺で議論を主導しているのは、戦場に送り出される世代ではなく送り出す世代です。大沼さんの言う「主要世代」を年齢的にかなり超えた政治家たちがとりわけ熱心です。

改憲論の核心が第九条であるのは言うまでもありませんが、ヨロイを隠す衣のようにプライバシー権、環境権といった新憲法用の新しい人権もちらつかせる論法に、若者は惑わされているのでしょうか。どうもそれだけではなさそうです。首相が自衛隊を「軍隊」と言い切れる雰囲気が国内にも生まれています。

過去の反省に基づく理念

憲法、安全保障論議では自民、民主、二大政党間の違いがいっこうに浮かびません。「九条護持」や「護憲」を正面から唱えると変わり者か時代遅れと見られがちです。

前フランス大使の小倉和夫青山学院大教授は、著書『吉田茂の自問』の中で「今日、過去とは違ったもう一つのタブーが、静かに、しかし、深く広がっていないか」「そのタブーは、日本の過去の反省に基づく理想主義的な平和外交の理念である」と書いています。

一九五一年、当時の吉田茂首相の命令で若手の外務官僚が戦前の日本外交を分析して書いた報告書「日本外交の過誤」を検証した上で抱いた危惧です。

ここで「平和外交の理念」を「平和憲法の理念」と置き換えても違和感は覚えません。かつて改憲論がそうだったのと逆に、護憲論が新たなタブーになった観があります。

「米国に押しつけられた」と言われる憲法ですが、当時の日本国民が歓迎したことも事実です。「過去の反省に基づく」という小倉さんの指摘は、外交の理念にも憲法の理念にも当てはまるはずです。

「そうは言っても」と笑われるかもしれません。昨今、閉塞感が変化を求める社会的雰囲気を強めています。拉致、テロ、核拡散、自衛隊イラク派遣、高い失業率、犯罪増加など重苦しい話題が重なります。

冷戦終了で東西バランスが崩れ、唯一の超大国となった米国の意向を無視するのは難しいという国際関係の現実もあります。

多くの政治家、学者が、国際情勢の変化を論じ、現実を強調し、日本の果たすべき役割を説きます。憲法改正はその延長線上でも論じられているのです。

しかし、現実の壁を前にするといつも理念を引っ込めてきたのが日本の歴史です。

あの大戦へと続く満州事変（一九三一年）以後の軍の暴走を政治が止めなかったのも、国際連盟からの脱退（三三年）も、そして対米英開戦（四一年）も、国際協調、民族自立などの理想や理念よりも現実的対応を優先させた結果でした。

小倉さんは書いています。

「それしか現実に選択肢はない。この言葉は、感情に走らず、冷静な計算と戦略によって物事を決めるべきことを諭す上では最上の殺し文句である」

「しかし、この殺し文句こそ、日本を日米開戦に追いやり、あの戦争の悲劇を引き起こした時に最も使われた殺し文句であったことも忘れてはなるまい」

歴史に学んで現実に対応

戦争の惨禍を実際に経験した世代の退場で護憲の理念がとかく観念的になり、説得力が低下したことは否めません。

片や、理念なき現実論はしまいには悲惨な結末を迎えかねないことは日本の歴史が示しています。

歴史に学び、理念にこだわりながら現実に対応する憲法論議が求められます。

それにはまず、歴史は学ぼうとしない者には何も教えてくれないことを知らねばなりません。

（二〇〇四・三・七）

5　国家、国民、そして……

自衛隊イラク出動、邦人の受難とその救出活動、視野に入った自民党改憲案の作成……国民にとって国家とは、憲法とは、という問いかけが例年以上に重く迫ります。

イラクの邦人人質事件では、被害者の自己責任を強調し、救出費用を自己負担させるべきだという意見が政府与党の関係者の間で噴出しました。一時は危険地帯への渡航を禁止する法規制まで議論されました。

与党は「米国は唯一の同盟国」という小泉純一郎首相のもとでブッシュ大統領に追随しています。

これに対して拘束された五人には、イラク戦争と米軍による占領、自衛隊派遣に反対ないしは批判的という共通項があります。

権力者の苛立ちが恫喝に

信条か、無事な生還を願うあまりか、家族の一部もテレビカメラの前で「自衛隊撤退」を叫びました。政府批判の発言もありました。

自己責任論は、人質、家族に対する政府側の苛立ちの表れですが、権力を握る側の苛立ちは「逆らうヤツは助けてやらないぞ」という恫喝に聞こえました。それ以後、解放された人質、家族が自由にものを言えなくなったのは恐ろしいことです。

ここには国家と国民、そして憲法との関係を考える基本的な問題が潜んでいます。

「私は君の意見に反対だ。だが、その意見を述べる君の権利は命がけで守る」――言論・表現の自由の重要性を語る有名なセリフです。政府にも異論に耳を傾ける寛容さがないと、社会の発展はありません。

確かに、五人と家族の言動には思慮が足りず、救出に取り組む人々への配慮も欠いた部分があります。

しかし、「だれも危険を冒さなければ私たちは進歩しない。彼らや、危険を承知でイラクに派遣された兵士たちがいることを、日本人は誇りに思うべきだ」と人質となった高遠菜穂子さんらをたたえたパウエル米国務長官の発言が自由、民主の神髄を示します。

国民の救援は政府の責務

「救出費用は税金だからな」と居丈高な政治家の発言もありました。「あの人たちに言われたくない」と感じた国民は少なくないでしょう。議員年金をはじめとするさまざまな特権によって税金をお手盛りで使っているのは国会議員自身、という思いが多くの国民にあります。窮地に陥った国民に対しては、それがたとえ政府の方針に反する考えの主であっても、そして費用がかかっても、救いの手をさしのべるのは政府の責務です。

「おれに反対すると守ってやらないぞ」とはガキ大将の論理です。

国家が先にあって国民が生まれたわけではありません。人間が集まって、自分たちの生活や安全を守り、理想を追求するために国家をつくったうえで、その運営を担う政府を組織しました。その時「国民」という概念が生まれたのです。

国家あっての国民ではなく、国民あっての国家なのです。日本国憲法も「国政は、国民の厳粛な信託によるものであって、その権威は国民に由来し……」と定めています。

国家・政府が国民を縛って統制するのではなく、国民が国家の行動を制御する、というのが両者のあるべき関係なのです。

「政府がやってもいい範囲を国民が決めておく」のが民主憲法の成り立ちです。政府が国民を制約できるのは、放置すると国家をつくった意味がなくなるような特別の場合に限られます。公共の福祉を名目にした安易な人権制限は許されません。

ところが、最近の政治家には、国家が国民を縛る発想、「国家あっての国民」式の憲法論が目立ちます。

国を守るため私権を制限する法制定を優先させ、国民保護法を後回しにした有事法制の構築、「現行憲法は権利ばかりで義務がない」といった議論がその典型です。人質、家族への苛立ちも、国民は政府に従うのが当然という意識だからです。

かつての日本は、政府の決めた国策遂行が最優先、国民を統制し、反論を許さない翼賛政治が行われました。その結末は悲劇的でした。

圧倒的な国民的人気の上に立つ小泉政治には異論を唱えにくい雰囲気があります。国家を優先する考え方の小泉首相のもとで翼賛政治になったら……厳しい警戒が必要です。

警戒すべきものがもう一つ。かつての流行語であり、今も改憲論に絡んで登場する「この国のかたち」論の危険性です。「普通の国」論というのもありました。

日本人が国際社会と協調し、信頼され共存してゆくためには日本という国がどうあるべきかという「国のかたち」論は間違っていません。

目的化する「国のかたち」

ただ、「国のかたち」はいったん描かれるとそれ自体がしばしば自己目的化し、「日本人が……ために」という本来の目的を忘れさせます。「普通の国」論も「まず軍事貢献ありき」でした。国家像は目的ではなく日本や世界の人々の幸せと平和のための手段です。国家より国民が先というのは憲法を考える時の基本です。

（二〇〇四・五・三）

6　捨てたくないもの

焼け跡から立ち上がった日本人の大切にし続けたものが、捨て去られようとしています。将来、「だまされた」と再び言わずにすむよう、いま声を出しましょう。

照りつける太陽が、焦土を前にして人々が打ちひしがれたあの日の近いことを知らせます。酷暑のなかで国民が敗戦を知り、やがて戦後の価値観を築いてゆく原点となった八月十五日を間もなく迎えます。

しかし、あれから半世紀余の間に築かれた枠組みが、いま次々切り崩されています。グローバル化、構造改革などのかけ声だけで明確な体系的理念が説明されず、したがって国民の自覚的賛同がないまま、既成事実が積み重ねられています。

履き古した草履のように

戦後、ずっと大事にされてきた平和や平等、自由、それらを基本理念とする日本国憲法の重みを忘れた人がたくさんいるようにみえます。少なくとも建前としては「守り抜かなければいけない」と考えられてきたものが、履き古した草履のように捨てられようとしているのに、異議の大声は聞こえません。

戦闘の続くイラクに武装した自衛隊を派遣した小泉純一郎首相は、自衛隊をめぐる憲法論の対立を「神学論争」と切り捨て、野党から追及されると「常識で判断」しろと開き直りました。憲法とは主権者が権力を託す統治者を制約するルールなのに、歯牙にもかけません。

憲法上は疑義のある、イラク派遣自衛隊の多国籍軍組み入れも国民より先に米国に通告し、国会を無視しました。

極東の平和を守るためだった日米安保条約は、冷戦終結後、米国の世界的軍事戦略を支える柱に変質させられ、小泉内閣は米国追随をますます強めています。背景には、「唯一の同盟国アメリカ」などといった首相お得意の短い決めぜりふに惑わされて、平和憲法を非現実的と軽視する雰囲気があります。

失われた社会の連帯意識

構造改革の一つは、リスク負担の自己責任化と機会の平等です。まず実行された自己責任化は、医療費自己負担分を増やす医療保険改革でした。自己責任の強調や、「余裕ある高齢者」「負担が重い若者」などといった二項対立式の宣伝が、社会的連帯意識を失わせ、弱者切り捨てをためらわない空気を生みました。

その裏で、年金資金を浪費し年金財政に穴をあけている官僚は何の責任も問われません。「努力すれば報われる社会」の実現が改革の目標だそうです。そう唱える竹中平蔵経済財政担当相のもとで進む金融機関の自己責任による経営健全化では、貸し渋り、貸しはがしが行われ、資金繰りに行き詰まった経営者の自殺も出ています。

この人たちは努力しなかったから報われなかったのでしょうか。

形式的な機会の平等だけでは「努力すれば報われる社会」にはなりません。実質的平等を確保する政策が必要です。構造改革プランにそうした視点は見あたりません。

公教育の充実なしには、貧しい若者は才能があっても自己実現できないことを考えれば分かるでしょう。この点で国立大学を独立行政法人にした自己責任化も懸念材料です。

反対に努力しなくても報われる人たちがいます。二、三世議員が典型です。政治家の家に生まれて遺産である票を相続し、苦労しないで国会議員になった人たちです。

若い世襲議員たちは、戦争の悲惨さも社会における下積みの苦しみも知らず、血や泥や汗にまみれた経験もありません。必然的に皮膚感覚としての現実認識を欠き、価値観の相克もなく、深い思考抜きに勇ましい進軍ラッパを吹きがちです。

彼らが重用されるのは、自分も二世議員で思考放棄が本質の小泉首相と肌合いが共通するからでしょう。その結果、一部で盛り上がった偏狭なナショナリズムが気がかりです。自由の〝侵食〟も進みます。学校行事における日の丸掲揚、君が代斉唱が強制され、憲法、教育基本法に愛国心の醸成や伝統尊重を盛り込む動きも盛んです。公権力が「こころ」にまで踏み込んできているのです。

自衛隊のイラク派遣、有事法制など軍事をタブーから解き放つ政策や法整備とセットで受け止めて「軍事を後押しする国民精神の要求」と批判する声は杞憂でしょうか。

衆参両院選挙で躍進した民主党には、憲法などで自民党と同じ考えの議員が少なくありません。政策も内閣と手法こそ違え方向性は似ています。国会における勢力が増しても、小泉政治をどれだけ変えられるか疑問です。

二度と弁明しないために

軍事力行使への寛容、自由、平等という理念の揺らぎ、ナショナリズムの高揚――日本が戦争に突き進んだあの時代を想起させます。

「私たちはだまされた」という敗戦後の弁明を再びしないですむように、野党の動きも含めた政治を、経済を、社会の動向を見極め注文をつけていかなければなりません。

（二〇〇四・八・一）

7 過ちを振り返る勇気

時流に合わせてタクトを振る人ばかりがいて、皆が流れに棹さす社会は不健全です。過去を見つめ、過ちを謙虚に認めてこそ、進むべき道が見えてきます。

「私は自分が正しいと願っているが、間違っていることもあるかもしれない。正しかったか間違いだったかは神が判断されることだ」

第十六代の米国大統領エーブラハム・リンカーンの言葉です。ジョージ・ブッシュ現大統領と小泉純一郎首相に、この謙虚さを学んでほしいと思う人は多いでしょう。両者に共通する「自分は全面的に善で相手はすべて悪」という単純な考えは、独善的とさえいえます。

決めぜりふで思考停止に

イラクに大量破壊兵器のなかったことが分かり開戦の大義が失われても、アナン国連事務総長が「混乱の続くイラクに法の支配を」と訴えても、二人とも馬の耳に念仏です。

過ちのない人間はありません。大事なのは、そのことを自覚して、過ちと分かったら反省する態度です。それなくしては現在を見直すことも未来を見通すこともできません。

しかし、首相の単純思考を見過ごしてしまう「時代の雰囲気」が日本社会にあることも事実でしょう。

人はとかく時代を支配する価値観やキーワードに引きずられます。改革、国際貢献、グローバル化……それ自体は否定できない決めぜりふには思考停止に陥りがちです。かくして実態を見る目が曇ります。

それでも疑問を抱く人々は「守旧派」「抵抗勢力」と切り捨てられ、時代の流れが加速します。本来はブレーキ役を期待される人たちも、時流に合わせてタクトを振るか沈黙するかするようになります。

これは日本の歴史で何度も繰り返されてきました。

憲法問題を考えてみましょう。自民党の改定案づくりが進み、民主党が創憲、公明党が加憲を唱えて、とうとうたる流れができています。

憲法と向き合ってきたか

そんな中で国連での小泉演説は象徴的でした。常任理事国入りへ決意を表明しましたが、歴代首相が表明してきた「貢献は憲法の枠内で」という留保がなかったからです。

国際貢献は憲法にとらわれないというのか。常任理事国入りまでに改憲が実現すると考えているのか。日本の転換点になるかもしれない演説でしたが、政界でも国民の間でもさして議論が起きませんでした。

各種アンケートでは国会議員の八〇%以上が改憲に賛成しています。国民の間でも「憲法は古い」「役に立たない」という意識が支配的のように見えます。

ただ、役立たないという結論は役立てる努力をしたうえで得られたのでしょうか。政治家は憲法第九条の精神で国際紛争を解決しようとしたでしょうか。改憲して環境権を盛り込もうと主張する人は、環境を守るどんな努力をしてきたのでしょう。

「そうだ時代に合わない」と同調する人は、憲法に、そして日本と世界の現実に真剣に向かい合ってきたでしょうか。そのことが問われています。憲法を生かそう、役立たせようとしなかった人ほど役立たないと言っているように見えます。

いまの日本の状況をドイツのワイマール憲法の運命とナチス台頭に重ね合わせる考え方があります。

弱者への配慮も行き届き、近代憲法の模範例といまもいわれるこの憲法下の選挙で、ナチスは国民の支持を得て独裁体制を築きました。

暴力で政権を握ったのではありません。民主主義が民主主義を滅ぼしたのです。

名古屋大学法学部の浦部法穂教授は「いまこそ憲法とその理念を学び考える」と題した講演で「ドイツ国民が憲法を大事にしていたらファシズムの登場はなかったろう」と指摘しました。当時のドイツは第一次世界大戦の敗戦国として過酷な扱いを受け、経済も疲弊して、国民の間に国際社会に対する怨念がたまっていました。社会民主主義的規定を多く含んだワイマール憲法は左右両派から「役に立たない」「ドイツ的ではない」と敵視されていたというのです。なにやら日本国憲法を取り巻く状況に似ていませんか。

ナチスはこうした雰囲気に乗じ、ドイツ民族の優秀性を強調して権力を握ったのです。

浦部教授は「憲法を大事にしない政治、憲法は役立たないという国民意識のもとでの民主主義はもろい」と言っています。

旧西ドイツのワイツゼッカー元大統領は一九八五年、第二次世界大戦の戦争責任について「過去に目をつむる者は現在も見えなくなる」と国民の自覚を求めました。

進む道を誤らないために

いまの足元を確かにし、進むべき道を誤らないために、常に過去を振り返る必要があります。謙虚、誠実は国民の運命を左右する政治家に欠かせない資質です。

政治家に限ったことではありません。世論を形成する国民も、過ちと分かったらそれを素直に認める勇気を持たなければなりません。

（二〇〇四・一〇・一七）

8 憲法論のホログラム

偽造防止のため新紙幣に使われたホログラムは、物体に複数の光を当て本質を立体的に浮かび上がらせます。憲法問題にもさまざまな角度で光を当ててましょう。

「政権党が使い勝手が悪いと考えているのなら、憲法が正しく機能しているのです。現行憲法に存在意義がある証拠です」

憲法、アメリカ法を研究している大学教授の発言に、聞き手の多くは分かったような分からないような表情でした。きょとんとした顔つきもありました。

法律家ではありませんが、ある社会科学系研究者の集まりです。それでこうですから一般の国民にしてみればなおさらかもしれません。

「権力の限界」を決める

ここに今の憲法改正論議の大きな〝勘違い〟が浮かんでいます。

憲法は統治機構の権限とその配分を定める法典です。日本国憲法前文に「国政は国民の厳粛な信託によるものであって、その権威は国民に由来し、その権力は国民の代表者が行使し、その福利は国民が享受する」と明確に表明されています。

近代国家の憲法は「権力はほっておけば肥大化し暴走する」という歴史的教訓から生まれました。「権力にできること」を限定し、「これから先はやってはいけない」限界を決めるのが役割です。教授はこの原理を裏返しに説明しただけなのです。

さまざまな人権規定は、自由や権利の保障なしには統治機構が正常に機能しなかったり、統治側による侵害の恐れが強いという、幾多の経験に基づいて設けられました。

憲法を守ることを期待されるのは公務員、権力者であり国民ではありません。日本国憲法第九九条もすべての公務員に憲法を尊重し擁護する義務を課しています。

その意味では、政権の行動を制約するブレーキである憲法の改定を、政権党自ら言いだすだけでも「要注意」です。

異なる視点で点検する

いま日本で盛んな改憲論議ではこの点が抜け落ちて、憲法を国民の方が守らなければならないもののように思わされてしまっています。

自民党は憲法を国民の行為規範と位置づけており、先に明らかになった憲法改正大綱の原案には、国民の義務、責務をいろいろ盛り込んでいます。憲法で国民を教育、指導しようとしているかのようです。

環境権、名誉権、プライバシー権など新しい人権論議も盛んです。他方で戦争放棄と戦力不保持を決めた第九条が揺らいでいます。

国民の意思に沿う統治のために必要不可欠か、公権力に踏みにじられてきたものか――こんな視点で新しい人権なるものを考えると、導入論者の思惑が透けて見えるでしょう。これは冒頭に紹介した教授の提案ですが、まさにホログラムです。

自民党の改憲論のもう一つの特徴は、日本人としての誇り、心のよりどころを示そうとしていることとです。改憲大綱原案には、日本人としてのアイデンティティー（自己認識、一体感）や歴史、伝統の尊重、愛国心、郷土愛などが並んでおり、個人の精神世界にまで踏み込んでいます。家庭が「公共の基本」だとも言っています。

これには、国家による特定の価値観押しつけは許されない、という法律論を離れても疑問があります。

「ベトナムに平和を！　市民連合」などの平和運動で活躍した哲学者、鶴見俊輔さんは、幼いころ自分を殴ってしつけようとする母親に強く反発しました。長じてから政敵を大量粛清した旧ソ連の独裁者スターリンを知り、母のイメージを重ねました。二人に道徳を暴力で押し付ける共通性を感じたというのです。

イラクの民主化、治安安定のためと称し、千人以上ともされる民間人犠牲者を出した、米軍のファルージャ攻撃を連想させます。軍事力で国際貢献できるよう第九条を改定するのは、平和や民主主義を武力で説く矛盾に陥りかねません。

小学校卒業直後に米国に渡った鶴見さんは、日米開戦から間もない一九四二年六月、自分の意思で帰国船に乗りました。二十歳になる直前でした。「日本は必ず負ける」と考えましたが、「負ける時は負ける側にいたい」と思ったのだそうです。

鶴見さんは八十二歳になった今も「愛国心」という言葉を決して口にはしません。でも、「負けるにしても負ける側にいたい」という気持ちは、国家と正面から向き合ったことのない政治家、特に平和な日本の恵まれた家庭でぬくぬくと育った世襲議員たちが安易に持ち出す愛国心や「日本人としての一体感」より、多くの人の心を打つでしょう。

国民が主体的に決める

国民にあれこれおせっかいを焼いて価値の押し売りをする憲法に変えるのか、今まで通り権力抑制が主な役割で統治者に使い勝手が悪いと思わせる憲法を持ち続けるか。近代的憲法観が転機を迎えています。

この国と社会のあり方を、国民一人ひとりが今後も主体的に決めてゆけるのか否か、試されています。

（二〇〇四・一二・五）

9 改憲を論議する環境

憲法は国民と国家の針路を理念として指し示すものですから、冷静な環境で議論しないと将来に悔いを残すことになりかねません。政治の世界の過熱は危険です。

二〇〇五年は日本国憲法の大きな曲がり角になりそうです。衆参両院の憲法調査会の最終意見書、民主党の憲法提言、自民党の憲法改定案の取りまとめが予定されており、それぞれ大きなニュースになるでしょう。

焦点は戦争放棄と軍隊不保持を定めた第九条の扱いです。小泉純一郎首相は二月二日の衆院予算委で「自衛軍の明記に賛成」と答えました。政治の世界、特に自民党内と民主党の一部では、憲法改定の是非を考えるのではなく改定を自己目的化した議論が行われています。

国民と国家の針路を示す

各種世論調査では改定内容の各論はまちまちですが、「改憲容認」の総論が独り歩きして、とうとうたる流れが国民の間にもできているかのように錯覚させます。

憲法と現実が合わないことはほかにもあるのに、第九条の問題だけがことさら強調されます。完全とはいえないにせよ、現在の憲法が戦後六十年間、国民と国家の利益に役だってきた功績はあまり語られません。憲法は国民と国の進むべき針路を理念として指し示すものである、という原点も置き去りにされています。

教育現場が荒れた、道徳が退廃した、権利意識が高まり過ぎたなどと嘆き、「すべての悪の根源は憲法。だから丸ごと変えなければ」と思っているような人がいます。「日本の歴史や伝統を大事にしろ」と言いながら、歴史の負の部分に光を当てるのは「憲法が悪いせいだ」と攻撃したりします。

憂うべきは、少なからざる政権担当者、国会議員がそのような復古調に共鳴し、実際の政治でそれに近い路線へ踏み込む傾向が強まっていることです。それを後押しするメディアもあります。

やさしい顔のファシズム

さらに警戒すべきは、中国、北朝鮮などに対するここ数年のナショナリズムの高まりです。

歴史、伝統を恣意的につまみ食いしたり、感情的な排外主義を声高に唱える政治家の人気が高く、異論を唱えにくい社会の雰囲気が生まれています。

武器を携行した自衛隊の海外派遣にも多くの国民はさしたる抵抗感を覚えなくなりました。軍事機密の範囲を拡大した自衛隊法改正、「人権保護」の名により言論、報道の自由を制約する個人情報保護法の制定や人権擁護法案の国会再提出計画など、国民の目と耳をふさごうとする動きが盛んです。

〝やさしい顔のファシズム〟との評さえある、このような環境は、冷静であることが必要な憲法改定論議にはふさわしくありません。

冷戦終結で米国が唯一の超大国になり、国際平和の確立へ向けた外交の選択肢が限られていることも、日本の将来を左右する新しい基本法を考えるには好ましくありません。

現在の政治状況はそれなりに国民に支持されています。だからこそかえって注意が必要なのです。

歴史を見ると、政治家が一方的に世論を引っ張っていくだけではありません。

日米開戦の最高責任者、東条英機、ナチス総統ヒトラーは、今でこそ悪名高い人物ですが当時はマスコミにもてはやされました。

「国民が反対したのに政治家や軍部が突っ走った」と考えているとしたら間違いです。当初は圧倒的多数の人々が政府を支持したのです。

「今は民主主義だから違うよ」と言い切れるでしょうか。アフガニスタン、イラク戦争前の米国社会の興奮や、小泉首相の支持率がまだかなり高い日本の現状を考えれば、首をひねらざるを得ません。

小泉流の政治手法は事実と論理で説得するのではなく、独断による強引な実行です。郵政民営化で一時的に壁にぶつかっているものの、独特の風貌と小泉話法とでもいうべき巧みな修辞をテレビに露出させて得た国民的人気をエネルギー源としています。

対話、討論で決まるのが民主主義の理念であり原則です。しかし、情緒的レベルでからめ取られてしまう多数者の存在が、社会の方向性を決めてしまうのが現実です。

日本では、細かな思考は抜きにして、結論だけを手短に、断定的に話せる政治家たちがテレビ番組で重宝され、その危険性に拍車をかけています。

こんな時には、高ぶった世論の前に立ちはだかって国民の手綱を引き締め、世論をあおる人々を戒める見識のある政治家が求められますが、残念ながら見あたりません。

連立方程式を解くように

戦後の日本再建は、複雑な国際社会をにらみながら多次元の連立方程式を解く政策判断の成果でした。

小泉首相をはじめとする二世議員の多くには、一次方程式しか解けそうもない単純思考が目立ちます。

国民も政治家も連立方程式で考えないと「あの時ああしておけば……」と悔やむことになりかねません。

（二〇〇五・二・二〇）

10　見過ごせぬ〝戦後〟否定

敗戦後の焦土で日本人は、それまでと全く違う価値観を見いだしました。最近の憲法論議の中に目立つ、それを否定する視点を見過ごさないようにしましょう。

「草案にある〝臣民の権利〟の条項はいらないのではないか」

「それは憲法および憲法学に退去を命ずる説だ。そもそも憲法を設ける趣旨は、第一に君権（公の権力）を制限し、第二に臣民（国民）の権利を保全することである」

あるシンポジウムで樋口陽一・早大教授がこの会話を披露すると、会場に静かな波紋が広がりました。一八八九（明治二十二）年に大日本帝国憲法、いわゆる明治憲法ができる直前の会話だったからです。

伊藤博文が嘆く？　低次元

最初の発言は森有礼・文部大臣、反論は伊藤博文・枢密院議長。藩閥政治家の巨頭で権力主義者として知られる伊藤でさえ、権力者を制約し、国民の権利を守るのが憲法の役割だと言い切っていることが、聴衆には意外だったのです。明治の政治家の高い見識を示す逸話です。

それに引き換え、昨今の憲法論議の次元の低さはどうでしょう。

「もっと現実に即した憲法にしよう」「権利主張ばかりがはびこっている。国民の義務や責務をはっきり書くべきだ」「公のために基本的人権を制限できることを明記しよう」――地下で伊藤が「分かってないな」と嘆いているかもしれません。

「愛国心の醸成」や「家庭を守る責務」を書き込もうなどという自民党内の声は、「およそ立憲の政において(立憲政治の下では)、君主は人民の良心に干渉せず」という言葉を想起させます。こちらは伊藤の下で明治憲法を起草した井上毅の発言。「憲法で道を説く」ことの誤りは明治時代でさえ認識されていたのです。

もっとも、この話には続きがあります。冒頭の話し合いで森はこう再反論しました。

天然自然に所持する人権

「およそ権利なるものは、人民の天然自然に所持するものにして、法により与えられるものにあらず」――国民が生まれながらにして持っている基本的人権をあらためて憲法に書くと、書き方しだいで権利が消長してしまう。だから憲法には書くべきではない、と言ったのです。

憲法に規定すべきかどうかはともかく、森の再反論は基本的人権に関する近代思想の神髄です。日本を含め各国の近代憲法には人権規定が盛り込まれていますが、歴史を振り返ると森の指摘の鋭さに気づきます。決して彼の取り越し苦労ではなかったのです。

実際に伊藤が中心になってつくった明治憲法では、国民の権利に「法律の範囲内で」という留保がつき、そのような統治構造を政治家や軍人が利用して暴走、人権をないがしろにし、無謀な戦争に突入しました。そしてあの敗戦です。

こうした歴史を踏まえて制定された日本国憲法は、戦後的な新しい価値観、新秩序の宣言でした。だから「新憲法」と呼ばれたのです。

前文や第九条の平和主義は、軍事を最優先の価値とはしないことの表明でした。人権保障とそれに沿った立法は、一人ひとりの個性を生かしながら全体の調和を保つ〝粒あん社会〟を目指します。自分を殺して「個」を感じさせない練りあんのような社会では、異論が封じられ、国家や社会共同体が誤った方向へ進むのを止めることができません。

こう考えてくると、自民党が「憲法改正草案」ではなしに「新憲法草案」をつくろうとしていることの危険性を理解できるはずです。新憲法起草委員会がまとめた要綱には、現憲法の手直しはおろか、「戦後的価値観の否定」が随所に表れているように見えます。

交戦権を認める先に見えるのは、軍事を最優先する価値観の再登場です。勝つことを目指さない交戦はあり得ませんから、人権は戦勝という国家目的に奉仕させられます。

愛国心の押しつけは、文字通り井上毅の否定した「人民の良心への干渉」です。義務、責任を強調し権利の重みを相対化しようとするのは、伊藤博文さえ意識していた憲法の役割を無視し、戦前の〝練りあん社会〟に戻そうとしているかのようです。

「新憲法制定」とよく似たニュアンスの「創憲」を唱える民主党の議員は、自らの発想の危うさに気づいているのでしょうか？

それどころか戦後の否定に同調する人が同党には多いのではないでしょうか。

道はおのずから明らかに

このほかにも政教分離の緩和が計画されるなど、近代国家に共通する原則が、次々と崩されようとしています。

「復古調」という情緒的詠嘆で終わらせてはなりません。さまざまな憲法論議を、明治憲法下の価値観と現憲法下の価値観に照らして分析、評価しましょう。そうすることで、選択すべき道はおのずから明らかになるでしょう。

（二〇〇五・五・三）

第4章

今度こそ敗れる前に目覚めよ

1 『還暦』の誓い新たに

原爆投下から六十年です。還暦を迎え、日本社会を「戦後の見直し」という波が洗ういまだからこそ、〝非核の願い〟の意味を問い返さなければなりません。

広島と長崎で、原爆死没者名簿に今年（二〇〇五年）もまた新たな名前が加えられます。原子爆弾は投下から半世紀を超えても、なお人々の命を脅かし侵し続けているのです。犠牲者は四十万人に近づいています。

原爆は一瞬にして万という単位の人命を奪いましたが、史上に類のない悲劇は一人ひとりの悲劇の積み重なりであることを、まず銘記しなければなりません。「個」を切り捨てた抽象化、統計化は、記憶を、そして歴史を風化させます。

歴史に埋没する悲劇

ヒロシマ、ナガサキが風化と戦いながら発信し続けてきた「核廃絶」の訴えは世界に届いているのでしょうか。国際社会はむしろ逆の道を歩んでいるように見えます。

広島市が一九六八年に始めた核実験に対する抗議は、既に五百八十八回を数え、昨年まで途絶えた年はありません。「核の闇市場」など核拡散の懸念がＮＰＴ（核拡散防止条約）体制を揺るがし、北朝鮮が核保有を宣言するなど状況は厳しさを増しています。

東西冷戦構造が崩壊し、「新しい戦争」が語られるなかで広島、長崎の悲惨な経験は歴史に埋没し、忘れられつつあるように思われます。

「日本政府は核保有国にもっと核兵器廃絶を迫るべきだ」——被爆者たちが悲痛な声をあげています。

日本原水爆被害者団体協議会が実施したアンケート「わたしの訴え」で、政府に対する被爆者の要望で最も多かったのは、世界非核化への積極的な取り組み（六八％）でした。

小泉純一郎首相は、慰霊と平和祈念の式典で今年も挨拶しますが、核兵器のない世界を実現するため、日本政府が被爆国として先頭に立ってきたとはいえません。

被爆地にはいらだち

昨年（二〇〇四年）、広島が平和憲法擁護を、長崎が憲法の平和理念堅持を、それぞれの平和宣言で日本政府に求めたのは、被爆地の人々のいらだちを示すものであり、政治への異議申し立てだったといえるでしょう。

唯一の超大国としてともすれば恣意的な世界戦略を展開する米国に寄り添う小泉流政治、アジア諸国民衆の神経を逆なでする靖国参拝、自衛隊の戦力強化、戦争放棄を定めた憲法の改定……大戦の惨禍に学び、日本人が大切にしてきた価値観を否定する動きが目立ちます。

この国のカジをかつてのような軍事優先の方向に切ることが、「ふつうの国」になることであるとする考えも強まっています。核兵器の保有や使用を法的に容認する極端な意見さえ聞かれます。

初めて核攻撃を受けた日本人が戦争放棄の第九条を含む平和憲法を持ったのは象徴的でした。核兵器を廃絶すべきなのは、大量殺戮《さつりく》兵器だからという理由だけではありません。科学技術が発達した現代では、核兵器に劣らない大型の通常兵器が開発されています。

核兵器は、人間の尊厳を無視し、人類の存続さえ脅かす究極の兵器だからこそ、非戦のシンボルとして世界中から真っ先になくさなければならないのです。

その意味で、非核の思想は非戦の思想にまで高められ、深められなければなりません。戦争の加害者でもあり、核の被害者でもあり、かつ平和憲法を持つ日本には、国際社会を引っ張る資格も責任もあります。

貧困、飢餓、富の分配の不均衡などさまざまな矛盾を抱えた国際社会では戦争や紛争が絶えません。米国の唯我独尊的な姿勢が憎悪と報復の連鎖を招き、混乱に拍車をかけている地域もあります。こうしたなか、口先で唱えるだけの核廃絶はしらじらしく響きます。

しかし、日本は戦後、武力で外国人を殺したこともなければ、外国の軍隊に自国民が殺されたこともありません。それを可能にした憲法は誇るべき財産です。

そうした日本が、言葉だけの非核化ではなくて、非戦を展望する非核化に本気で取り組めば、必ずや世界の人々の共感を得られるに違いありません。

核の強大な破壊力に打ちのめされた日本が「戦後」を歩み出して六十年、人間なら還暦です。廃虚で誓った「不戦」の実現へ向けて、成熟した行動ができるだけの年輪を重ねたはずでした。

それなのに昨今の日本社会では、太平洋戦争に至る道のりを思い起こさせるような過度なナショナリズムの高まりが気がかりです。

いまなお新鮮な原点

アジアの国々をめぐり、加害の歴史を棚上げした、無神経で感情的な言動が、責任ある政治家の間でさえ少なくありません。

還暦とは単なる仕切り直しではありません。刻んできた足跡を振り返り、生まれた時の原点を再確認することに意味があるのです。六十年前のあの誓いはいまなお新鮮です。


（二〇〇五・八・五）

2 暴走を許さない監視

自民党圧勝が政治の転換点となって、日本が激変する可能性が指摘されています。政権党の暴走を許さない監視役である報道機関の役割の重さを痛感します。

九・一一総選挙戦（二〇〇五年）とその開票結果は、四年前の九・一一テロを契機に始まったアフガン戦争、それに続くイラク戦争をめぐる米国世論の熱狂を思い出させました。ブッシュ大統領は「新しい戦争」「テロとの戦い」という単純なキャッチフレーズで戦争に突き進みました。それを批判したテレビのニュースキャスターには視聴者の非難が殺到し、戦争に反対した地方紙記者二人が読者の圧力で解雇されるなど、米国は戦争一色に染まりました。

共通点は首相への忠誠

日本では、小泉純一郎首相の「改革を止めるな」という決めぜりふで改革の中身を問う声はかき消されました。時の権力者に逆らい異論を唱えた政治家の多くは、〝刺客〟を送られて政治生命を奪われました。

かくして国会には、テレビ映りがよくて話題性はあるものの、政治的な見識や能力はまったく未知数の新人議員が多数登場しました。なかには複数の政党の候補者募集に応募した経験があり、政治的に無節操と言われても仕方ない人もいます。彼ら彼女らの共通点は小泉首相に対する忠誠心です。

太平洋戦争が始まって間もない一九四二（昭和十七）年、当時の東条英機首相の主導による選挙で出来上がった政治体制になぞらえて、「翼賛体制」と評する人がいるのもむべなるかなです。

こんな時にこそ、政治を見つめ社会を見渡して事実を伝え、歴史を振り返りながら警告もまじえ判断材料や選択肢を国民に提供する、ジャーナリズムの存在意義があります。情緒を伝え、感性に訴える傾向のある映像メディアと異なり、読者の理性に期待できる活字メディアの役割はとりわけ重大です。

求められる課題の設定

新聞はカメラのようなものです。時代の動き、社会の実相をありのままに写し取るとともに、その底にある流れを敏感に感じ取って読者に指標を示します。

時代の流れが速まり、社会が複雑になると、新聞には「いま何が大事か」「何を判断、選ばなければならないか」と論点を示す課題設定が求められます。その役目を果たすにはレンズの解像力、フィルムの感度が高くなければなりません。

ここに反省材料があります。

イラク戦争開始後の三週間、米国にある六つのテレビネットワークのニュース番組で意見を述べた約千六百人のうち、戦争に反対したのはたった三％でした。民間のメディア監視団体ＦＡＩＲの調査です。

ところが、調査会社、テレビ局による同じ時期の合同世論調査では国民の約三〇％が反対でした。この場合、ニュース番組が世論を正しく写し取れていなかったのです。

九・一一選挙を報じた日本のメディアのレンズとフイルムも与えられた使命を果たし得たとはいえません。解像力、感度とも極めて低く、〝小泉劇場〟のまやかしを見破れませんでした。

「カメラを構えたら両目をしっかり開く。片目でファインダーの枠の中を、片目で枠の外をにらむ。そうしないと全体像をつかめない」――ベテラン報道カメラマンの戒めです。

昨今、権力を握る情報源の側の課題設定が巧みになりました。レンズの前で刺激が強く話題になりそうなパフォーマンスを繰り広げます。短く、単純な宣伝文句を連発して「これが核心だ」と国民に迫ります。

メディアはそれにつられて真相や事柄の本質を見失い、ファインダーの外側を見逃しがちです。見逃さずにきちんと報道しても、刺激の強さに惑わされた国民が、パフォーマンスのごまかしや偽りに気づかないことがあります。

小泉首相の「郵政改革国民投票」論はその典型でしょう。当選者の権限は郵政改革法案に限定されていません。憲法改定の発議だって出来ます。自民党を圧勝させた有権者はそこまで考えていたでしょうか。

現に改憲のための国民投票法案の議論が具体性を帯び、改憲の動きに拍車がかかりそうです。決めぜりふはしばしば真実を隠します。現憲法を「押しつけ」と攻撃する人は、押しつけがなければどんな憲法になったか語りません。日本政府は天皇主権の明治憲法の部分修正ですまそうとしていたのです。

「改革」「規制緩和」のかけ声の陰で、強者、弱者の格差がますます開く弱肉強食社会への懸念も真剣に受け止めなければなりません。

世論から離れる姿勢も

さまざまな言論規制法があったとはいえ、報道機関と国民が互いに煽り煽られて政府、軍部の後押しをした結果が六十年前の敗戦でした。ジャーナリズムは世論を離れては成り立ちませんが、それに同調するだけでは危険だと歴史が教えています。

国民から一歩離れた位置に立ち、世論の背景を掘り下げ、世論さえをも批判的に見る。これがジャーナリズムの正しいあり方です。

（二〇〇五・一〇・一五）

3　未来に向かって足下を

歴史を振り返ると、国や社会が大きく変わる転換点は案外身近なところにあると分かります。足下の変化にしっかり対応することは、未来に向けた責任です。

ミステリー小説『獣たちの庭園』（ジェフリー・ディーヴァー著・土屋晃訳）では、ナチス総統・ヒットラーの寵愛を得ようと、大臣たちがライバル蹴落としに躍起のさまが描かれています。読み進むうち、日本の内閣と自民党内の群像が頭に浮かびます。小泉純一郎首相と意見が違う人を、厳しく批判する大臣や党幹部たちです。論理を尊んできたはずの学者出身の大臣、竹中平蔵総務相さえ、大先輩の政治家を「抵抗勢力」と決めつけたりします。

熱狂した大衆が後押し

〝虎の威を借るキツネ〟がなんと多いことでしょう。宮沢喜一・元首相の「もっと自由な議論がなければいけない」という苦言を真剣に受け止めてほしいと思います。

ナチス体制下、熱狂した大衆がユダヤ人迫害を後押ししたことは、八木あき子さんの「五〇〇〇万人のヒットラーがいた」に詳しく書かれています。陰では宣伝の天才と言われたゲッペルス宣伝相が巧みなメディア戦略を展開しました。

「短く分かりやすい言葉を繰り返す」ナチスの宣伝は、小泉流の言葉操りに似ています。九・一一総選挙で登場した「改革を止めるな」も、その後、連発された「日米はパートナー」も、言葉自体は簡潔ですから中身は説明されていないのについそのまま同意しがちです。

当時と現在の違いは情報量です。ナチス時代はラジオと新聞しかありませんから一方的宣伝が可能でしたが、今は多様なマスメディアが発達しています。

しかし、人々はあふれる情報を選別することに疲れて思考を放棄、短い決めぜりふに引きずられているようにみえます。受け止められなかった情報はなかったのと同じです。

肥大化する強者の欲求

小泉流政治の特徴は、新たな課題や敵を次々提示して自分の抱えている問題や失敗から国民の目をそらすことです。

キャッチフレーズの呪縛からやっと逃れ、「郵政改革は本当に国民のためになるのか」「自衛隊は米軍の世界戦略を補完する役割を担わされるのではないか」などと考え始めた時には、教員、公務員給与の引き下げ、定数削減、高齢者の医療費負担引き上げなどの問題が相次ぎ浮上、といった具合です。首相はもはや郵政など忘れたかのようです。

市場万能主義、規制緩和の流れに乗って強者の欲求はますます肥大化し「戦後の崩壊」が進みます。明日の食にも困る大勢が公園のテントの中で震えているのを横目に、ＩＴ長者が「強い者がより強くなれる社会を」と公言します。日本国憲法は、恵まれた者が自制し、弱い者を助けて多くの人が幸福になる社会の実現を目指しているはずなのに……。

ワイマール憲法と呼ばれた第二次大戦前のドイツ憲法も、そのような社会権の思想を盛り込んだ先進的なものでした。しかし、その憲法が大統領の権限を強く認めていたことを利用して独裁的権力を握ったナチスは、全権委任法の制定で憲法そのものを実質的に捨て去りました。

総選挙圧勝後の首相や側近たちの言動とイメージが重なります。

フリーター、ニートなど若者が無気力で怠惰なように言われますが、背景には利潤追求が最優先の価値になった経済界の現実があります。派遣、契約、臨時などの雇用形態で労働者を安く使うことに企業が慣れ、大学新卒者でさえ正社員になれる機会が極端に減っています。

先の総選挙で、小泉政治の被害者とも言えるそんな若者たちが自民党を後押ししたのは皮肉です。際限のない自由は隷従をもたらす――という哲学者の言葉が思い出されます。

ワイマール憲法に勝るとも劣らないほど先進的な日本国憲法も危機を迎えています。自民党がつくったのは憲法の改正案ではなく「新憲法草案」であることに留意しましょう。現憲法の規定の大部分が残っているとはいえ、基本思想は大きく変わっています。

現憲法の前文にある格調高い〝非戦の誓い〟は消えました。代わって「国や社会を支え守る責務」が盛り込まれました。

自衛軍を保持し、軍事裁判所まで設置すること、さらに「自由・権利には責務、義務が伴う」とわざわざ書いていることを合わせ考えると、戦後日本人が大事にしてきた「軍事を優先しない」という価値観は否定されると言っていいでしょう。

苦い歴史を想起し懸念

中韓両国の批判を無視して招いたアジアでの孤立を、国際連盟脱退、戦争突入、敗戦という歴史と重ねて懸念する人がいます。

内政、外交ともに多難な閉塞感の中では小泉流の強気が人気を集めますが、危険なナショナリズムと紙一重です。将来、「あの時が転機だった」と悔やまないよう、足下をじっくり見つめ、いま起きていることをよく考えて行動しましょう。

(二〇〇五・一一・一八)

4　臼淵大尉からのメッセージ

目をしっかり開け、歴史のフィルターを通して今を見つめなければ、正しい判断も進歩も生まれません。戦艦大和で散った人たちの悲痛な叫びが聞こえます。

「進歩のない者は決して勝たない。負けて目覚めることが最上の道だ。日本は進歩ということを軽んじすぎた。……本当の進歩を忘れていた。敗れて目覚める、それ以外に日本がどうして救われるか。今目覚めずしていつ救われるか。俺たちはその先導になるのだ。まさに本望じゃないか」

一九四五年四月、生還の見込みがない沖縄海域への特攻出撃を前に、戦艦大和の艦内で死の意味をめぐり煩悶、激論する同僚たちを、臼淵磐大尉はこう言って沈黙させました。

必敗を覚悟した大和特攻

もし、この臼淵大尉が昨今の日本社会を見たら何と言うでしょう。

大和の特攻は、制海、制空権を奪われ、敗戦間近いことが明らかな情勢下で、片道分の燃料しか与えられず、戦闘機の護衛なしに臨む戦いです。合わせて三千人を超える将校、下士官、兵士たちの誰もが「必敗」を覚悟していました。

臼淵大尉は死を美化したのではありません。科学的、合理的思考を放棄し、誤った精神主義で無謀な戦争を始め破滅に導いた国の指導者を暗に批判したのでしょう。そして、日本人がその愚に気づいて目覚めることに、自分たちの死の意味を求めたのでしょう。

彼の発言には深い深い思いが込められていました。目前の戦闘に負ける意味だけではなく、「失敗」によって目覚め、教訓を得ることの重要性の指摘です。

数少ない生還者の一人、吉田満氏（当時少尉）の名著『戦艦大和ノ最期』にこの場面は感動的に描かれています。昨年（二〇〇五年）暮れから正月にかけて百数十万人の観客を集めた映画「男たちの大和」でも、かなりの時間を使って紹介されました。

継承されない先人の教訓

しかし、大尉役の元プロ野球選手の未熟な演技、大尉の言葉の重さに気づいていそうもない平板なセリフ回しでは、大事なメッセージが伝わりません。スクリーンの前の人々はほとんど無反応でした。

観客、とりわけ若者たちには「敗れて目覚め」た先人の教訓が継承されていないように見えました。

継承していないのは若者だけではありません。侵略戦争に駆り立てた責任者を、駆り立てられた人々と同列に祭っている靖国神社に参拝し、中国などからの批判に「罪を憎んで人を憎まず」と開き直った小泉純一郎首相に至っては、目覚めてもいないと言わざるを得ません。

大和に特攻作戦を伝達にきた連合艦隊参謀長に、大和とともに出撃する駆逐艦の若手艦長が迫ります。

「なぜ連合艦隊司令長官らは防空壕《ごう》から出て作戦の陣頭指揮をとらないのか」

このシーンには現在の改憲論議が重なります。自衛隊を自衛軍にして海外派兵も可能にする自民党の「新憲法草案」をつくったのは、自らは銃をとらない国会議員たちでした。いつの世も犠牲を強いる側は大抵、安全地帯にいるのです。

米軍の猛攻で沈んでゆく艦内で、兵士が「命をかけて戦ったが何も守れなかった。家族も、故郷も……」とつぶやきます。

これに対し、自民党草案の前文に国民が守るべき対象として掲げられたのは「帰属する国や社会」です。〝滅私奉公〟を強制されたあの時代でさえ兵士たちが守ろうとした、家族のことには触れていません。

歴史研究家の半藤一利さんはベストセラーとなった自著『昭和史』について「歴史を振り返

りつつ読者に伝えたかったのは〝今を見る目〟をしっかり持つことだった」と語り、日本人が目をきちんと開くよう求めています。

自由にものが言えなかった戦時中と違って言論の自由も参政権も保障されています。土壇場で「なぜ?」「そんな!」と後悔しないように、有権者、特に今後の日本を背負う若者はもっと声をあげましょう。

学ぶべきは古いことだけではありません。自民党は九・一一総選挙(二〇〇五年)で虚業家だった堀江貴文ライブドア前社長の生き方を推奨モデルとして宣伝し、同調した有権者も少なくありません。バブル経済崩壊で苦い思いをしたのはつい最近なのに……。

改革の旗手のように振る舞う竹中平蔵総務相(当時金融財政担当相)が同容疑者の応援に駆けつけたのは象徴的でした。社会的弱者への配慮より強者の自由を優先し、過度な格差拡大も放置する——堀江容疑者の考え方と小泉内閣の改革路線には共通点があるからです。

今度こそ……のメッセージ

昭和の初期、革新官僚、革新将校と呼ばれた人たちが日本をしだいに泥沼へ引きずり込んでいった、歴史上の事実を思い起こします。

臼淵大尉のメッセージが「今度こそ敗れる前に目覚めよ」と聞こえます。「改憲」、「改革」

の連呼による集団催眠からさめ、「改」や「革」の字に潜む真実を見極めなければなりません。

（二〇〇六・二・五）

資料編

○日本国憲法
○自由民主党新憲法草案
○憲法をめぐる動き

日本国憲法

日本国民は、正当に選挙された国会における代表者を通じて行動し、われらとわれらの子孫のために、諸国民との協和による成果と、わが国全土にわたつて自由のもたらす恵沢を確保し、政府の行為によつて再び戦争の惨禍が起ることのないやうにすることを決意し、ここに主権が国民に存することを宣言し、この憲法を確定する。そもそも国政は、国民の厳粛な信託によるものであつて、その権威は国民に由来し、その権力は国民の代表者がこれを行使し、その福利は国民がこれを享受する。これは人類普遍の原理であり、この憲法は、かかる原理に基くものである。われらは、これに反する一切の憲法、法令及び詔勅を排除する。

日本国民は、恒久の平和を念願し、人間相互の関係を支配する崇高な理想を深く自覚するのであつて、平和を愛する諸国民の公正と信義に信頼して、われらの安全と生存を保持しようと決意した。われらは、平和を維持し、専制と隷従、圧迫と偏狭を地上から永遠に除去しようと努めてゐる国際社会において、名誉ある地位を占めたいと思ふ。われらは、全世界の国民が、ひとしく恐怖と欠乏から免かれ、平和のうちに生存する権利を有することを確認する。

われらは、いづれの国家も、自国のことのみに専念して他国を無視してはならないのであつて、政治道徳の法則は、普遍的なものであり、この法則に従ふことは、自国の主権を維持し、他国と対等関係に立たうとする各国の責務であると信ずる。

日本国民は、国家の名誉にかけ、全力をあげてこの崇高な理想と目的を達成することを誓ふ。

第一章　天皇

第一条　天皇は、日本国の象徴であり日本国民統合の象徴であつて、この地位は、主権の存する日本国民の総意に基く。
第二条　皇位は、世襲のものであつて、国会の議決した皇室典範の定めるところにより、これを継承する。
第三条　天皇の国事に関するすべての行為には、内閣の助言と承認を必要とし、内閣が、その責任を負ふ。
第四条　天皇は、この憲法の定める国事に関する行為のみを行ひ、国政に関する権能を有しない。
②天皇は、法律の定めるところにより、その国事に関する行為を委任することができる。
第五条　皇室典範の定めるところにより摂政を置くときは、摂政は、天皇の名でその国事に関する行為を行ふ。この場合には、前条第一項の規定を準用する。
第六条　天皇は、国会の指名に基いて、内閣総理大臣を任命する。
②天皇は、内閣の指名に基いて、最高裁判所の長たる裁判官を任命する。
第七条　天皇は、内閣の助言と承認により、国民のために、左の国事に関する行為を行ふ。
一　憲法改正、法律、政令及び条約を公布すること。

二　国会を召集すること。
三　衆議院を解散すること。
四　国会議員の総選挙の施行を公示すること。
五　国務大臣及び法律の定めるその他の官吏の任免並びに全権委任状及び大使及び公使の信任状を認証すること。
六　大赦、特赦、減刑、刑の執行の免除及び復権を認証すること。
七　栄典を授与すること。
八　批准書及び法律の定めるその他の外交文書を認証すること。
九　外国の大使及び公使を接受すること。
十　儀式を行ふこと。
第八条　皇室に財産を譲り渡し、又は皇室が、財産を譲り受け、若しくは賜与することは、国会の議決に基かなければならない。

第二章　戦争の放棄

第九条　日本国民は、正義と秩序を基調とする国際平和を誠実に希求し、国権の発動たる戦争と、武力による威嚇又は武力の行使は、国際紛争を解決する手段としては、永久にこれを放棄する。
②前項の目的を達するため、陸海空軍その他の戦力は、これを保持しない。国の交戦権は、これ

を認めない。

第三章　国民の権利及び義務

第一〇条　日本国民たる要件は、法律でこれを定める。
第一一条　国民は、すべての基本的人権の享有を妨げられない。この憲法が国民に保障する基本的人権は、侵すことのできない永久の権利として、現在及び将来の国民に与へられる。
第一二条　この憲法が国民に保障する自由及び権利は、国民の不断の努力によつて、これを保持しなければならない。又、国民は、これを濫用してはならないのであつて、常に公共の福祉のためにこれを利用する責任を負ふ。
第一三条　すべて国民は、個人として尊重される。生命、自由及び幸福追求に対する国民の権利については、公共の福祉に反しない限り、立法その他の国政の上で、最大の尊重を必要とする。
第一四条　すべて国民は、法の下に平等であつて、人種、信条、性別、社会的身分又は門地により、政治的、経済的又は社会的関係において、差別されない。
②華族その他の貴族の制度は、これを認めない。
③栄誉、勲章その他の栄典の授与は、いかなる特権も伴はない。栄典の授与は、現にこれを有し、又は将来これを受ける者の一代に限り、その効力を有する。
第一五条　公務員を選定し、及びこれを罷免することは、国民固有の権利である。

②すべて公務員は、全体の奉仕者であつて、一部の奉仕者ではない。
③公務員の選挙については、成年者による普通選挙を保障する。
④すべて選挙における投票の秘密は、これを侵してはならない。選挙人は、その選択に関し公的にも私的にも責任を問はれない。
第一六条　何人も、損害の救済、公務員の罷免、法律、命令又は規則の制定、廃止又は改正その他の事項に関し、平穏に請願する権利を有し、何人も、かかる請願をしたためにいかなる差別待遇も受けない。
第一七条　何人も、公務員の不法行為により、損害を受けたときは、法律の定めるところにより、国又は公共団体に、その賠償を求めることができる。
第一八条　何人も、いかなる奴隷的拘束も受けない。又、犯罪に因る処罰の場合を除いては、その意に反する苦役に服させられない。
第一九条　思想及び良心の自由は、これを侵してはならない。
第二〇条　信教の自由は、何人に対してもこれを保障する。いかなる宗教団体も、国から特権を受け、又は政治上の権力を行使してはならない。
②何人も、宗教上の行為、祝典、儀式又は行事に参加することを強制されない。
③国及びその機関は、宗教教育その他いかなる宗教的活動もしてはならない。
第二一条　集会、結社及び言論、出版その他一切の表現の自由は、これを保障する。
②検閲は、これをしてはならない。通信の秘密は、これを侵してはならない。

第二二条　何人も、公共の福祉に反しない限り、居住、移転及び職業選択の自由を有する。
②何人も、外国に移住し、又は国籍を離脱する自由を侵されない。
第二三条　学問の自由は、これを保障する。
第二四条　婚姻は、両性の合意のみに基いて成立し、夫婦が同等の権利を有することを基本として、相互の協力により、維持されなければならない。
②配偶者の選択、財産権、相続、住居の選定、離婚並びに婚姻及び家族に関するその他の事項に関しては、法律は、個人の尊厳と両性の本質的平等に立脚して、制定されなければならない。
第二五条　すべて国民は、健康で文化的な最低限度の生活を営む権利を有する。
②国は、すべての生活部面について、社会福祉、社会保障及び公衆衛生の向上及び増進に努めなければならない。
第二六条　すべて国民は、法律の定めるところにより、その能力に応じて、ひとしく教育を受ける権利を有する。
②すべて国民は、法律の定めるところにより、その保護する子女に普通教育を受けさせる義務を負ふ。義務教育は、これを無償とする。
第二七条　すべて国民は、勤労の権利を有し、義務を負ふ。
②賃金、就業時間、休息その他の勤労条件に関する基準は、法律でこれを定める。
③児童は、これを酷使してはならない。
第二八条　勤労者の団結する権利及び団体交渉その他の団体行動をする権利は、これを保障する。

第二九条　財産権は、これを侵してはならない。
②財産権の内容は、公共の福祉に適合するやうに、法律でこれを定める。
③私有財産は、正当な補償の下に、これを公共のために用ひることができる。
第三〇条　国民は、法律の定めるところにより、納税の義務を負ふ。
第三一条　何人も、法律の定める手続によらなければ、その生命若しくは自由を奪はれ、又はその他の刑罰を科せられない。
第三二条　何人も、裁判所において裁判を受ける権利を奪はれない。
第三三条　何人も、現行犯として逮捕される場合を除いては、権限を有する司法官憲が発し、且つ理由となつてゐる犯罪を明示する令状によらなければ、逮捕されない。
第三四条　何人も、理由を直ちに告げられ、且つ、直ちに弁護人に依頼する権利を与へられなければ、抑留又は拘禁されない。又、何人も、正当な理由がなければ、拘禁されず、要求があれば、その理由は、直ちに本人及びその弁護人の出席する公開の法廷で示されなければならない。
第三五条　何人も、その住居、書類及び所持品について、侵入、捜索及び押収を受けることのない権利は、第三十三条の場合を除いては、正当な理由に基いて発せられ、且つ捜索する場所及び押収する物を明示する令状がなければ、侵されない。
②捜索又は押収は、権限を有する司法官憲が発する各別の令状により、これを行ふ。
第三六条　公務員による拷問及び残虐な刑罰は、絶対にこれを禁ずる。
第三七条　すべて刑事事件においては、被告人は、公平な裁判所の迅速な公開裁判を受ける権利を有する。
②刑事被告人は、すべての証人に対して審問する機会を充分に与へられ、又、公費で自己のために強制的手続により証人を求める権利を有する。
③刑事被告人は、いかなる場合にも、資格を有する弁護人を依頼することができる。被告人が自らこれを依頼することができないときは、国でこれを附する。
第三八条　何人も、自己に不利益な供述を強要されない。
②強制、拷問若しくは脅迫による自白又は不当に長く抑留若しくは拘禁された後の自白は、これを証拠とすることができない。
③何人も、自己に不利益な唯一の証拠が本人の自白である場合には、有罪とされ、又は刑罰を科せられない。
第三九条　何人も、実行の時に適法であつた行為又は既に無罪とされた行為については、刑事上の責任を問はれない。又、同一の犯罪について、重ねて刑事上の責任を問はれない。
第四〇条　何人も、抑留又は拘禁された後、無罪の裁判を受けたときは、法律の定めるところにより、国にその補償を求めることができる。

第四章　国会

第四一条　国会は、国権の最高機関であつて、国の唯一の立法機関である。

第四二条　国会は、衆議院及び参議院の両議院でこれを構成する。
第四三条　両議院は、全国民を代表する選挙された議員でこれを組織する。
②両議院の議員の定数は、法律でこれを定める。
第四四条　両議院の議員及びその選挙人の資格は、法律でこれを定める。但し、人種、信条、性別、社会的身分、門地、教育、財産又は収入によつて差別してはならない。
第四五条　衆議院議員の任期は、四年とする。但し、衆議院解散の場合には、その期間満了前に終了する。
第四六条　参議院議員の任期は、六年とし、三年ごとに議員の半数を改選する。
第四七条　選挙区、投票の方法その他両議院の議員の選挙に関する事項は、法律でこれを定める。
第四八条　何人も、同時に両議院の議員たることはできない。
第四九条　両議院の議員は、法律の定めるところにより、国庫から相当額の歳費を受ける。
第五〇条　両議院の議員は、法律の定める場合を除いては、国会の会期中逮捕されず、会期前に逮捕された議員は、その議院の要求があれば、会期中これを釈放しなければならない。
第五一条　両議院の議員は、議院で行つた演説、討論又は表決について、院外で責任を問はれない。
第五二条　国会の常会は、毎年一回これを召集する。
第五三条　内閣は、国会の臨時会の召集を決定することができる。いづれかの議院の総議員の四分の一以上の要求があれば、内閣は、その召集を決定しなければならない。
第五四条　衆議院が解散されたときは、解散の日から四十日以内に、衆議院議員の総選挙を行ひ、その選挙の日から三十日以内に、国会を召集しなければならない。
②衆議院が解散されたときは、参議院は、同時に閉会となる。但し、内閣は、国に緊急の必要があるときは、参議院の緊急集会を求めることができる。
③前項但書の緊急集会において採られた措置は、臨時のものであつて、次の国会開会の後十日以内に、衆議院の同意がない場合には、その効力を失ふ。
第五五条　両議院は、各々その議員の資格に関する争訟を裁判する。但し、議員の議席を失はせるには、出席議員の三分の二以上の多数による議決を必要とする。
第五六条　両議院は、各々その総議員の三分の一以上の出席がなければ、議事を開き議決することができない。
②両議院の議事は、この憲法に特別の定のある場合を除いては、出席議員の過半数でこれを決し、可否同数のときは、議長の決するところによる。
第五七条　両議院の会議は、公開とする。但し、出席議員の三分の二以上の多数で議決したときは、秘密会を開くことができる。
②両議院は、各々その会議の記録を保存し、秘密会の記録の中で特に秘密を要すると認められるもの以外は、これを公表し、且つ一般に頒布しなければならない。
③出席議員の五分の一以上の要求があれば、各議員の表決は、これを会議録に記載しなければならない。
第五八条　両議院は、各々その議長その他の役員を選任する。

②両議院は、各々その会議その他の手続及び内部の規律に関する規則を定め、又、院内の秩序をみだした議員を懲罰することができる。但し、議員を除名するには、出席議員の三分の二以上の多数による議決を必要とする。

第五九条　法律案は、この憲法に特別の定のある場合を除いては、両議院で可決したとき法律となる。

②衆議院で可決し、参議院でこれと異なつた議決をした法律案は、衆議院で出席議員の三分の二以上の多数で再び可決したときは、法律となる。

③前項の規定は、法律の定めるところにより、衆議院が、両議院の協議会を開くことを求めることを妨げない。

④参議院が、衆議院の可決した法律案を受け取つた後、国会休会中の期間を除いて六十日以内に、議決しないときは、衆議院は、参議院がその法律案を否決したものとみなすことができる。

第六〇条　予算は、さきに衆議院に提出しなければならない。

②予算について、参議院で衆議院と異なつた議決をした場合に、法律の定めるところにより、両議院の協議会を開いても意見が一致しないとき、又は参議院が、衆議院の可決した予算を受け取つた後、国会休会中の期間を除いて三十日以内に、議決しないときは、衆議院の議決を国会の議決とする。

第六一条　条約の締結に必要な国会の承認については、前条第二項の規定を準用する。

第六二条　両議院は、各々国政に関する調査を行ひ、これに関して、証人の出頭及び証言並びに記録の提出を要求することができる。
第六三条　内閣総理大臣その他の国務大臣は、両議院の一に議席を有すると有しないとにかかはらず、何時でも議案について発言するため議院に出席することができる。又、答弁又は説明のため出席を求められたときは、出席しなければならない。
第六四条　国会は、罷免の訴追を受けた裁判官を裁判するため、両議院の議員で組織する弾劾裁判所を設ける。
②弾劾に関する事項は、法律でこれを定める。

第五章　内閣

第六五条　行政権は、内閣に属する。
第六六条　内閣は、法律の定めるところにより、その首長たる内閣総理大臣及びその他の国務大臣でこれを組織する。
②内閣総理大臣その他の国務大臣は、文民でなければならない。
③内閣は、行政権の行使について、国会に対し連帯して責任を負ふ。
第六七条　内閣総理大臣は、国会議員の中から国会の議決で、これを指名する。この指名は、他のすべての案件に先だつて、これを行ふ。
②衆議院と参議院とが異なつた指名の議決をした場合に、法律の定めるところにより、両議院の

協議会を開いても意見が一致しないとき、又は衆議院が指名の議決をした後、国会休会中の期間を除いて十日以内に、参議院が、指名の議決をしないときは、衆議院の議決を国会の議決とする。

第六八条　内閣総理大臣は、国務大臣を任命する。但し、その過半数は、国会議員の中から選ばれなければならない。

②内閣総理大臣は、任意に国務大臣を罷免することができる。

第六九条　内閣は、衆議院で不信任の決議案を可決し、又は信任の決議案を否決したときは、十日以内に衆議院が解散されない限り、総辞職をしなければならない。

第七〇条　内閣総理大臣が欠けたとき、又は衆議院議員総選挙の後に初めて国会の召集があつたときは、内閣は、総辞職をしなければならない。

第七一条　前二条の場合には、内閣は、あらたに内閣総理大臣が任命されるまで引き続きその職務を行ふ。

第七二条　内閣総理大臣は、内閣を代表して議案を国会に提出し、一般国務及び外交関係について国会に報告し、並びに行政各部を指揮監督する。

第七三条　内閣は、他の一般行政事務の外、左の事務を行ふ。

一　法律を誠実に執行し、国務を総理すること。

二　外交関係を処理すること。

三　条約を締結すること。但し、事前に、時宜によつては事後に、国会の承認を経ることを必要とする。
四　法律の定める基準に従ひ、官吏に関する事務を掌理すること。
五　予算を作成して国会に提出すること。
六　この憲法及び法律の規定を実施するために、政令を制定すること。但し、政令には、特にその法律の委任がある場合を除いては、罰則を設けることができない。
七　大赦、特赦、減刑、刑の執行の免除及び復権を決定すること。
第七四条　法律及び政令には、すべて主任の国務大臣が署名し、内閣総理大臣が連署することを必要とする。
第七五条　国務大臣は、その在任中、内閣総理大臣の同意がなければ、訴追されない。但し、これがため、訴追の権利は、害されない。

第六章　司法

第七六条　すべて司法権は、最高裁判所及び法律の定めるところにより設置する下級裁判所に属する。
②特別裁判所は、これを設置することができない。行政機関は、終審として裁判を行ふことができない。
③すべて裁判官は、その良心に従ひ独立してその職権を行ひ、この憲法及び法律にのみ拘束される。

第七七条　最高裁判所は、訴訟に関する手続、弁護士、裁判所の内部規律及び司法事務処理に関する事項について、規則を定める権限を有する。
②検察官は、最高裁判所の定める規則に従はなければならない。
③最高裁判所は、下級裁判所に関する規則を定める権限を、下級裁判所に委任することができる。
第七八条　裁判官は、裁判により、心身の故障のために職務を執ることができないと決定された場合を除いては、公の弾劾によらなければ罷免されない。裁判官の懲戒処分は、行政機関がこれを行ふことはできない。
第七九条　最高裁判所は、その長たる裁判官及び法律の定める員数のその他の裁判官でこれを構成し、その長たる裁判官以外の裁判官は、内閣でこれを任命する。
②最高裁判所の裁判官の任命は、その任命後初めて行はれる衆議院議員総選挙の際国民の審査に付し、その後十年を経過した後初めて行はれる衆議院議員総選挙の際更に審査に付し、その後も同様とする。
③前項の場合において、投票者の多数が裁判官の罷免を可とするときは、その裁判官は、罷免される。
④審査に関する事項は、法律でこれを定める。
⑤最高裁判所の裁判官は、法律の定める年齢に達した時に退官する。
⑥最高裁判所の裁判官は、すべて定期に相当額の報酬を受ける。この報酬は、在任中、これを減額することができない。

第八〇条　下級裁判所の裁判官は、最高裁判所の指名した者の名簿によつて、内閣でこれを任命する。その裁判官は、任期を十年とし、再任されることができる。但し、法律の定める年齢に達した時には退官する。

②下級裁判所の裁判官は、すべて定期に相当額の報酬を受ける。この報酬は、在任中、これを減額することができない。

第八一条　最高裁判所は、一切の法律、命令、規則又は処分が憲法に適合するかしないかを決定する権限を有する終審裁判所である。

第八二条　裁判の対審及び判決は、公開法廷でこれを行ふ。

②裁判所が、裁判官の全員一致で、公の秩序又は善良の風俗を害する虞があると決した場合には、対審は、公開しないでこれを行ふことができる。但し、政治犯罪、出版に関する犯罪又はこの憲法第三章で保障する国民の権利が問題となつてゐる事件の対審は、常にこれを公開しなければならない。

第七章　財政

第八三条　国の財政を処理する権限は、国会の議決に基いて、これを行使しなければならない。

第八四条　あらたに租税を課し、又は現行の租税を変更するには、法律又は法律の定める条件によることを必要とする。

第八五条　国費を支出し、又は国が債務を負担するには、国会の議決に基くことを必要とする。
第八六条　内閣は、毎会計年度の予算を作成し、国会に提出して、その審議を受け議決を経なければならない。
第八七条　予見し難い予算の不足に充てるため、国会の議決に基いて予備費を設け、内閣の責任でこれを支出することができる。
②すべて予備費の支出については、内閣は、事後に国会の承諾を得なければならない。
第八八条　すべて皇室財産は、国に属する。すべて皇室の費用は、予算に計上して国会の議決を経なければならない。
第八九条　公金その他の公の財産は、宗教上の組織若しくは団体の使用、便益若しくは維持のため、又は公の支配に属しない慈善、教育若しくは博愛の事業に対し、これを支出し、又はその利用に供してはならない。
第九〇条　国の収入支出の決算は、すべて毎年会計検査院がこれを検査し、内閣は、次の年度に、その検査報告とともに、これを国会に提出しなければならない。
②会計検査院の組織及び権限は、法律でこれを定める。
第九一条　内閣は、国会及び国民に対し、定期に、少くとも毎年一回、国の財政状況について報告しなければならない。

第八章　地方自治

第九二条　地方公共団体の組織及び運営に関する事項は、地方自治の本旨に基いて、法律でこれを定める。
第九三条　地方公共団体には、法律の定めるところにより、その議事機関として議会を設置する。
②地方公共団体の長、その議会の議員及び法律の定めるその他の吏員は、その地方公共団体の住民が、直接これを選挙する。
第九四条　地方公共団体は、その財産を管理し、事務を処理し、及び行政を執行する権能を有し、法律の範囲内で条例を制定することができる。
第九五条　一の地方公共団体のみに適用される特別法は、法律の定めるところにより、その地方公共団体の住民の投票においてその過半数の同意を得なければ、国会は、これを制定することができない。

第九章　改正

第九六条　この憲法の改正は、各議院の総議員の三分の二以上の賛成で、国会が、これを発議し、国民に提案してその承認を経なければならない。この承認には、特別の国民投票又は国会の定める選挙の際行はれる投票において、その過半数の賛成を必要とする。

②憲法改正について前項の承認を経たときは、天皇は、国民の名で、この憲法と一体を成すものとして、直ちにこれを公布する。

第十章　最高法規

第九七条　この憲法が日本国民に保障する基本的人権は、人類の多年にわたる自由獲得の努力の成果であつて、これらの権利は、過去幾多の試錬に堪へ、現在及び将来の国民に対し、侵すことのできない永久の権利として信託されたものである。

第九八条　この憲法は、国の最高法規であつて、その条規に反する法律、命令、詔勅及び国務に関するその他の行為の全部又は一部は、その効力を有しない。

②日本国が締結した条約及び確立された国際法規は、これを誠実に遵守することを必要とする。

第九九条　天皇又は摂政及び国務大臣、国会議員、裁判官その他の公務員は、この憲法を尊重し擁護する義務を負ふ。

第十一章　補則

第一〇〇条　この憲法は、公布の日から起算して六箇月を経過した日から、これを施行する。

②この憲法を施行するために必要な法律の制定、参議院議員の選挙及び国会召集の手続並びにこ

の憲法を施行するために必要な準備手続は、前項の期日よりも前に、これを行ふことができる。
第一〇一条　この憲法施行の際、参議院がまだ成立してゐないときは、その成立するまでの間、衆議院は、国会としての権限を行ふ。
第一〇二条　この憲法による第一期の参議院議員のうち、その半数の者の任期は、これを三年とする。その議員は、法律の定めるところにより、これを定める。
第一〇三条　この憲法施行の際現に在職する国務大臣、衆議院議員及び裁判官並びにその他の公務員で、その地位に相応する地位がこの憲法で認められてゐる者は、法律で特別の定をした場合を除いては、この憲法施行のため、当然にはその地位を失ふことはない。但し、この憲法によつて、後任者が選挙又は任命されたときは、当然その地位を失ふ。

自由民主党新憲法草案（第一次案　二〇〇五・一〇発表）

日本国民は、自らの意思と決意に基づき、主権者として、ここに新しい憲法を制定する。

象徴天皇制は、これを維持する。また、国民主権と民主主義、自由主義と基本的人権の尊重及び平和主義と国際協調主義の基本原則は、不変の価値として継承する。

日本国民は、帰属する国や社会を愛情と責任感と気概をもって自ら支え守る責務を共有し、自由かつ公正で活力ある社会の発展と国民福祉の充実を図り、教育の振興と文化の創造及び地方自治の発展を重視する。

日本国民は、正義と秩序を基調とする国際平和を誠実に願い、他国とともにその実現のため、協力し合う。国際社会において、価値観の多様性を認めつつ、圧政や人権侵害を根絶させるため、不断の努力を行う。

日本国民は、自然との共生を信条に、自国のみならずかけがえのない地球の環境を守るため、力を尽くす。

第一章　天皇

第一条（天皇）　天皇は、日本国の象徴であり日本国民統合の象徴であって、この地位は、主権の存する日本国民の総意に基づく。

第二条（皇位の継承）　皇位は、世襲のものであって、国会の議決した皇室典範の定めるところにより、これを継承する。

第三条　（第六条第四項参照）

第四条（天皇の権能）　天皇は、この憲法の定める国事に関する行為のみを行い、国政に関する権能を有しない。

第五条　（第七条参照）

第六条（天皇の国事行為）　天皇は、国民のために、国会の指名に基づいて内閣総理大臣を任命し、内閣の指名に基づいて最高裁判所の長たる裁判官を任命する。

2天皇は、国民のために、次に掲げる国事に関する行為を行う。

一　憲法改正、法律、政令及び条約を公布すること。

二　国会を召集すること。

三　第五十四条第一項の規定による決定に基づいて衆議院を解散すること。

四　衆議院議員の総選挙及び参議院議員の通常選挙の施行を公示すること。

五　国務大臣及び法律の定めるその他の国の公務員の任免並びに全権委任状並びに大使及び公使の信任状を認証すること。

六　大赦、特赦、減刑、刑の執行の免除及び復権を認証すること。

七　栄典を授与すること。

八　批准書及び法律の定めるその他の外交文書を認証すること。
九　外国の大使及び公使を接受すること。
十　儀式を行うこと。
3天皇は、法律の定めるところにより、前二項の行為を委任することができる。

4天皇の国事に関するすべての行為には、内閣の助言と承認を必要とし、内閣がその責任を負う。

第七条（摂政）　皇室典範の定めるところにより摂政を置くときは、摂政は、天皇の名で、その国事に関する行為を行う。

2第四条及び前条第四項の規定は、摂政について準用する。

第八条（皇室への財産の譲渡等の制限）　皇室に財産を譲り渡し、又は皇室が財産を譲り受け、若しくは賜与するには、法律で定める場合を除き、国会の議決を経なければならない。

第二章　安全保障

第九条（平和主義）　日本国民は、正義と秩序を基調とする国際平和を誠実に希求し、国権の発動たる戦争と、武力による威嚇又は武力の行使は、国際紛争を解決する手段としては、永久にこれを放棄する。

第九条の二（自衛軍）　我が国の平和と独立並びに国及び国民の安全を確保するため、内閣総理大臣を最高指揮権者とする自衛軍を保持する。

2自衛軍は、前項の規定による任務を遂行するための活動を行うにつき、法律の定めるところにより、国会の承認その他の統制に服する。

3自衛軍は、第一項の規定による任務を遂行するための活動のほか、法律の定めるところにより、国際社会の平和と安全を確保するために国際的に協調して行われる活動及び緊急事態における公の秩序を維持し、又は国民の生命若しくは自由を守るための活動を行うことができる。

4前二項に定めるもののほか、自衛軍の組織及び統制に関する事項は、法律で定める。

第三章　国民の権利及び義務

第十条（日本国民）　日本国民の要件は、法律で定める。

第十一条（基本的人権の享有）　国民は、すべての基本的人権の享有を妨げられない。この憲法が国民に保障する基本的人権は、侵すことのできない永久の権利として、現在及び将来の国民に与えられる。

第十二条（国民の責務）　この憲法が国民に保障する自由及び権利は、国民の不断の努力によって、保持しなければならない。国民は、これを濫用してはならないのであって、自由及び権利には責任及び義務が伴うことを自覚しつつ、常に公益及び公の秩序に反しないように自由を享受し、権利を行使する責務を負う。

第十三条（個人の尊重等）　すべて国民は、個人として尊重される。生命、自由及び幸福追求に対する国民の権利については、公益及び公の秩序に反しない限り、立法その他の国政の上で、最大の尊重を必要とする。

第十四条（法の下の平等）すべて国民は、法の下に平等であって、人種、信条、性別、障害の有無、社会的身分又は門地により、政治的、経済的又は社会的関係において、差別されない。

2華族その他の貴族の制度は、認めない。

3栄誉、勲章その他の栄典の授与は、いかなる特権も伴わない。栄典の授与は、現にこれを有し、又は将来これを受ける者の一代に限り、その効力を有する。

第十五条（公務員の選定及び罷免に関する権利等）公務員を選定し、及び罷免することは、国民固有の権利である。

2すべて公務員は、全体の奉仕者であって、一部の奉仕者ではない。

3公務員の選挙については、成年者による普通選挙を保障する。

4選挙における投票の秘密は、侵してはならない。選挙人は、その選択に関し、公的にも私的にも責任を問われない。

第十六条（請願をする権利）何人も、損害の救済、公務員の罷免、法律、命令又は規則の制定、廃止又は改正その他の事項に関し、平穏に請願をする権利を有する。

2請願をした者は、そのためにいかなる差別待遇も受けない。

第十七条（国等に対する賠償請求権）何人も、公務員の不法行為により損害を受けたときは、法律の定めるところにより、国又は公共団体に、その賠償を求めることができる。

第十八条（奴隷的拘束及び苦役からの自由）　何人も、いかなる奴隷的拘束も受けない。

2何人も、犯罪による処罰の場合を除いては、その意に反する苦役に服させられない。

第十九条（思想及び良心の自由）　思想及び良心の自由は、侵してはならない。

第十九条の二（個人情報の保護等）　何人も、自己に関する情報を不当に取得され、保有され、又は利用されない。

2通信の秘密は、侵してはならない。

第二十条（信教の自由）　信教の自由は、何人に対しても保障する。いかなる宗教団体も、国から特権を受け、又は政治上の権力を行使してはならない。

2何人も、宗教上の行為、祝典、儀式又は行事に参加することを強制されない。

3国及び公共団体は、社会的儀礼又は習俗的行為の範囲を超える宗教教育その他の宗教的活動であって、宗教的意義を有し、特定の宗教に対する援助、助長若しくは促進又は圧迫若しくは干渉となるようなものを行ってはならない。

第二十一条（表現の自由）　集会、結社及び言論、出版その他一切の表現の　自由は、何人に対しても保障する。

2検閲は、してはならない。

（国政上の行為に関する説明の責務）

第二十一条の二　国は、国政上の行為につき国民に説明する責務を負う。

第二十二条（居住、移転及び職業選択等の自由等）　何人も、居住、移転及び職業選択の自由を有する。

2すべて国民は、外国に移住し、又は国籍を離脱する自由を侵されない。

第二十三条（学問の自由）　学問の自由は、何人に対しても保障する。

第二十四条（婚姻及び家族に関する基本原則）　婚姻は、両性の合意のみに基づいて成立し、夫婦が同等の権利を有することを基本として、相互の協力により、維持されなければならない。

2配偶者の選択、財産権、相続、住居の選定、離婚並びに婚姻及び家族に関するその他の事項に関しては、法律は、個人の尊厳と両性の本質的平等に立脚して、制定されなければならない。

第二十五条（生存権等）　すべて国民は、健康で文化的な最低限度の生活を営む権利を有する。

2国は、国民生活のあらゆる側面について、社会福祉、社会保障及び公衆衛生の向上及び増進に努めなければならない。

第二十五条の二（国の環境保全の責務）　国は、国民が良好な環境の恵沢を享受することができるようにその保全に努めなければならない。

第二十五条の三（犯罪被害者の権利）　犯罪被害者は、その尊厳にふさわしい処遇を受ける権利を有する。

第二十六条（教育に関する権利及び義務）　すべて国民は、法律の定めるところにより、その能力に応じて、ひとしく教育を受ける権利を有する。

2すべて国民は、法律の定めるところにより、その保護する子に普通教育を受けさせる義務を負う。義務教育は、無償とする。

第二十七条（勤労の権利及び義務等）　すべて国民は、勤労の権利を有し、義務を負う。

2賃金、就業時間、休息その他の勤労条件に関する基準は、法律で定める。

3児童は、酷使してはならない。

第二十八条（勤労者の団結権等）　勤労者の団結する権利及び団体交渉その他の団体行動をする権利は、保障する。

第二十九条（財産権）　財産権は、侵してはならない。

2財産権の内容は、公益及び公の秩序に適合するように、法律で定める。この場合において、知的財産権については、国民の知的創造力の向上及び活力ある社会の実現に留意しなければならない。

3私有財産は、正当な補償の下に、公共のために用いることができる。

第三十条（納税の義務）　国民は、法律の定めるところにより、納税の義務を負う。

第三十一条（適正手続の保障）　何人も、法律の定める適正な手続によらなければ、その生命若しくは自由を奪われ、又はその他の刑罰を科せられない。

第三十二条（裁判を受ける権利）　何人も、裁判所において裁判を受ける権利を奪われない。

第三十三条（逮捕に関する手続の保障）　何人も、現行犯として逮捕される場合を除いては、裁判官が発し、かつ、理由となっている犯罪を明示する令状によらなければ、逮捕されない。

第三十四条（抑留及び拘禁に関する手続の保障）　何人も、正当な理由がなく、若しくは理由を直ちに告げられることなく、又は直ちに弁護人に依頼する権利を与えられることなく、抑留され、又は拘禁されない。

2拘禁された者は、拘禁の理由を直ちに本人及びその弁護人の出席する公開の法廷で示すことを求める権利を有する。

第三十五条（住居等の不可侵）　何人も、正当な理由に基づいて発せられ、かつ、捜索する場所及び押収する物を明示する令状によらなければ、その住居、書類及び所持品について、侵入、捜索又は押収を受けない。ただし、第三十三条の規定により逮捕される場合は、この限りでない。

2前項本文の規定による捜索又は押収は、裁判官が発する各別の令状によって行う。

第三十六条（拷問等の禁止）　公務員による拷問及び残虐な刑罰は、絶対に禁止する。

第三十七条（刑事被告人の権利）　すべて刑事事件においては、被告人は、公平な裁判所の迅速な公開裁判を受ける権利を有する。

2被告人は、すべての証人に対して審問する機会を充分に与えられる権利及び公費で自己のために強制的手続により証人を求める権利を有する。

3被告人は、いかなる場合にも、資格を有する弁護人を依頼することができる。被告人が自らこれを依頼することができないときは、国でこれを付する。

第三十八条（刑事事件における自白等）　何人も、自己に不利益な供述を強要されない。

2拷問、脅迫その他の強制による自白又は不当に長く抑留され、若しくは拘禁された後の自白は、証拠とすることができない。

3何人も、自己に不利益な唯一の証拠が本人の自白である場合には、有罪とされない。

第三十九条（遡及処罰等の禁止）　何人も、実行の時に適法であった行為又は既に無罪とされた行為については、刑事上の責任を問われない。同一の犯罪については、重ねて刑事上の責任を問われない。

第四十条（刑事補償を求める権利）　何人も、抑留され、又は拘禁された後、無罪の裁判を受けたときは、法律の定めるところにより、国にその補償を求めることができる。

第四章　国会

第四十一条（国会と立法権）　国会は、国権の最高機関であって、国の唯一の立法機関である。

第四十二条（両議院）　国会は、衆議院及び参議院の両議院で構成する。

第四十三条（両議院の組織）　両議院は、全国民を代表する選挙された議員で組織する。

2両議院の議員の定数は、法律で定める。

第四十四条（議員及び選挙人の資格）　両議院の議員及びその選挙人の資格は、法律で定める。この場合においては、人種、信条、性別、障害の有無、社会的身分、門地、教育、財産又は収入によって差別してはならない。

第四十五条（衆議院議員の任期）　衆議院議員の任期は、四年とする。ただし、衆議院が解散された場合には、その期間満了前に終了する。

第四十六条（参議院議員の任期）　参議院議員の任期は、六年とし、三年ごとに議員の半数を改選する。

第四十七条（選挙に関する事項）　選挙区、投票の方法その他両議院の議員の選挙に関する事項は、法律で定める。

第四十八条（両議院議員兼職の禁止）　何人も、同時に両議院の議員となることはできない。

第四十九条（議員の歳費）　両議院の議員は、法律の定めるところにより、国庫から相当額の歳費を受ける。

第五十条（議員の不逮捕特権）　両議院の議員は、法律の定める場合を除いては、国会の会期中逮捕されず、会期前に逮捕された議員は、その議院の要求があるときは、会期中釈放しなければならない。

第五十一条（議員の免責特権）　両議院の議員は、議院で行った演説、討論又は表決について、院外で責任を問われない。

第五十二条（常会）　国会の常会は、毎年一回召集する。

2常会の会期は、法律で定める。

第五十三条（臨時会）　内閣は、国会の臨時会の召集を決定することができる。いずれかの議院の総議員の四分の一以上の要求があれば、内閣は、その召集を決定しなければならない。

第五十四条（衆議院の解散と衆議院議員の総選挙、特別会及び参議院の緊急集会）　第六十九条の場合その他の場合の衆議院の解散は、内閣総理大臣が決定する。

2衆議院が解散されたときは、解散の日から四十日以内に、衆議院議員の総選挙を行い、その選挙の日から三十日以内に、国会の特別会を召集しなければならない。

3衆議院が解散されたときは、参議院は、同時に閉会となる。ただし、内閣は、国に緊急の必要があるときは、参議院の緊急集会を求めることができる。

4前項ただし書の緊急集会において採られた措置は、臨時のものであって、次の国会開会の後十日以内に、衆議院の同意がない場合には、その効力を失う。

第五十五条（資格争訟の裁判） 両議院は、各々その議員の資格に関する争訟を裁判する。ただし、議員の議席を失わせるには、出席議員の三分の二以上の多数による議決を必要とする。

第五十六条（表決及び定足数） 両議院の議事は、この憲法に特別の定めのある場合を除いては、出席議員の過半数で決し、可否同数のときは、議長の決するところによる。

2両議院の議決は、各々その総議員の三分の一以上の出席がなければすることができない。

第五十七条（会議及び会議録の公開等） 両議院の会議は、公開しなければならない。ただし、出席議員の三分の二以上の多数で議決したときは、秘密会を開くことができる。

2両議院は、各々その会議の記録を保存し、秘密会の記録の中で特に秘密を要すると認められるものを除き、これを公表し、かつ、一般に頒布しなければならない。

3出席議員の五分の一以上の要求があるときは、各議員の表決を会議録に記載しなければならない。

第五十八条（役員の選任並びに議院規則及び懲罰） 両議院は、各々その議長その他の役員を選任する。

2両議院は、各々その会議その他の手続及び内部の規律に関する規則を定め、並びに院内の秩序を乱した議員を懲罰することができる。ただし、議員を除名するには、出席議員の三分の二以上の多数による議決を必要とする。

第五十九条（法律案の議決及び衆議院の優越）　法律案は、この憲法に特別の定めのある場合を除いては、両議院で可決したとき法律となる。

2衆議院で可決し、参議院でこれと異なった議決をした法律案は、衆議院で出席議員の三分の二以上の多数で再び可決したときは、法律となる。

3前項の規定は、法律の定めるところにより、衆議院が両議院の協議会を開くことを求めることを妨げない。

4参議院が、衆議院の可決した法律案を受け取った後、国会休会中の期間を除いて六十日以内に、議決しないときは、衆議院は、参議院がその法律案を否決したものとみなすことができる。

第六十条（予算案の議決等に関する衆議院の優越）　予算案は、先に衆議院に提出しなければならない。

2予算案について、参議院で衆議院と異なった議決をした場合において、法律の定めるところにより、両議院の協議会を開いても意見が一致しないとき、又は参議院が、衆議院の可決した予算案を受け取った後、国会休会中の期間を除いて三十日以内に、議決しないときは、衆議院の議決を国会の議決とする。

第六十一条（条約の承認に関する衆議院の優越）　条約の締結に必要な国会の承認については、

前条第二項の規定を準用する。

第六十二条（議院の国政調査権） 両議院は、各々国政に関する調査を行い、これに関して、証人の出頭及び証言並びに記録の提出を要求することができる。

第六十三条（国務大臣の議院出席の権利及び義務） 内閣総理大臣その他の国務大臣は、両議院のいずれかに議席を有すると有しないとにかかわらず、いつでも議案について発言するため議院に出席することができる。

2内閣総理大臣その他の国務大臣は、答弁又は説明のため議院から出席を求められたときは、職務の遂行上やむを得ない事情がある場合を除き、出席しなければならない。

第六十四条（弾劾裁判所） 国会は、罷免の訴追を受けた裁判官を裁判するため、両議院の議員で組織する弾劾裁判所を設ける。

2弾劾に関する事項は、法律で定める。

第六十四条の二（政党） 国は、政党が議会制民主主義に不可欠の存在であることにかんがみ、その活動の公正の確保及びその健全な発展に努めなければならない。

2政党の政治活動の自由は、制限してはならない。

3前二項に定めるもののほか、政党に関する事項は、法律で定める。

第五章　内閣

第六十五条（内閣と行政権）　行政権は、この憲法に特別の定めのある場合を除き、内閣に属する。

第六十六条（内閣の組織及び国会に対する責任）　内閣は、法律の定めるところにより、その首長たる内閣総理大臣及びその他の国務大臣で組織する。

2内閣総理大臣その他の国務大臣は、文民でなければならない。

3内閣は、行政権の行使について、国会に対し連帯して責任を負う。

第六十七条（内閣総理大臣の指名及び衆議院の優越）　内閣総理大臣は、国会議員の中から国会が指名する。

2国会は、他のすべての案件に先立って、前項の指名を行わなければならない。

3衆議院と参議院とが異なった指名をした場合において、法律の定めるところにより、両議院の協議会を開いても意見が一致しないとき、又は衆議院が指名をした後、国会休会中の期間を除いて十日以内に、参議院が指名をしないときは、衆議院の指名を国会の指名とする。

第六十八条（国務大臣の任免）　内閣総理大臣は、国務大臣を任命する。この場合においては、その過半数は、国会議員の中から選ばれなければならない。

2内閣総理大臣は、任意に国務大臣を罷免することができる。

第六十九条（内閣の不信任と総辞職）　内閣は、衆議院が不信任の決議案を可決し、又は信任の決議案を否決したときは、十日以内に衆議院が解散されない限り、総辞職をしなければならない。

第七十条（内閣総理大臣が欠けたとき等の内閣の総辞職）　内閣総理大臣が欠けたとき、又は衆議院議員の総選挙の後に初めて国会の召集があったときは、内閣は、総辞職をしなければならない。

第七十一条（総辞職後の内閣）　前二条の場合には、内閣は、新たに内閣総理大臣が任命されるまで引き続きその職務を行う。

第七十二条（内閣総理大臣の職務）　内閣総理大臣は、行政各部を指揮監督し、その総合調整を行う。

2内閣総理大臣は、内閣を代表して、議案を国会に提出し、並びに一般国務及び外交関係について国会に報告する。

第七十三条（内閣の職務）　内閣は、他の一般行政事務のほか、次に掲げる事務を行う。
一　法律を誠実に執行し、国務を総理すること。
二　外交関係を処理すること。
三　条約を締結すること。ただし、事前に、時宜によっては事後に、国会の承認を経ることを必要とする。
四　法律の定める基準に従い、国の公務員に関する事務を掌理すること。
五　予算案及び法律案を作成して国会に提出すること。
六　法律の規定に基づき、政令を制定すること。ただし、政令には、特にその法律の委任がある場合を除いては、義務を課し、又は権利を制限する規定を設けることができない。
七　大赦、特赦、減刑、刑の執行の免除及び復権を決定すること。
第七十四条（法律及び政令への署名）　法律及び政令には、すべて主任の国務大臣が署名し、内閣総理大臣が連署することを必要とする。

第七十五条（国務大臣の特権）　国務大臣は、その在任中、内閣総理大臣の同意がなければ、訴追されない。ただし、訴追の権利は、これにより害されない。

第六章　司法

第七十六条（裁判所と司法権）　すべて司法権は、最高裁判所及び法律の定めるところにより設置する下級裁判所に属する。

2特別裁判所は、設置することができない。行政機関は、終審として裁判を行うことができない。

3軍事に関する裁判を行うため、法律の定めるところにより、下級裁判所として、軍事裁判所を設置する。

4すべて裁判官は、その良心に従い独立してその職権を行い、この憲法及び法律にのみ拘束される。

第七十七条（最高裁判所の規則制定権）　最高裁判所は、裁判に関する手続、弁護士、裁判所の内部規律及び司法事務処理に関する事項について、規則を定める権限を有する。

2検察官、弁護士その他の裁判に関わる者は、最高裁判所の定める規則に従わなければならない。

3最高裁判所は、下級裁判所に関する規則を定める権限を、下級裁判所に委任することができる。

第七十八条（裁判官の身分保障）　裁判官は、次条第三項に規定する場合及び心身の故障のために職務を執ることができないと裁判により決定された場合を除いては、公の弾劾によらなければ罷免されない。行政機関は、裁判官の懲戒処分を行うことができない。

第七十九条（最高裁判所の裁判官）　最高裁判所は、その長たる裁判官及び法律の定める員数のその他の裁判官で構成し、最高裁判所の長たる裁判官以外の裁判官は、内閣が任命する。

2最高裁判所の裁判官は、その任命後、法律の定めるところにより、国民の審査を受けなければならない。

3前項の審査において罷免すべきとされた裁判官は、罷免される。

4最高裁判所の裁判官は、法律の定める年齢に達した時に退官する。
5　最高裁判所の裁判官は、すべて定期に相当額の報酬を受ける。この報酬は、在任中、やむを得ない事由により法律をもって行う場合であって、裁判官の職権行使の独立を害するおそれがないときを除き、減額することができない。
第八十条（下級裁判所の裁判官）　下級裁判所の裁判官は、最高裁判所の指名した者の名簿によって、内閣が任命する。その裁判官は、任期を十年とし、再任されることができる。ただし、法律の定める年齢に達した時には退官する。

2前条第五項の規定は、下級裁判所の裁判官の報酬について準用する。

第八十一条（法令審査権と最高裁判所）　最高裁判所は、一切の法律、命令、規則又は処分が憲法に適合するかしないかを決定する権限を有する終審裁判所である。

第八十二条（裁判の公開）　裁判の対審及び判決は、公開法廷で行う。

2裁判所が、裁判官の全員一致で、公の秩序又は善良の風俗を害するおそれがあると決した場合には、対審は、公開しないで行うことができる。ただし、政治犯罪、出版に関する犯罪又は第三章で保障する国民の権利が問題となっている事件の対審は、常に公開しなければならない。

第七章　財政

第八十三条（財政の基本原則）　国の財政を処理する権限は、国会の議決に基づいて行使しなければならない。

2財政の健全性の確保は、常に配慮されなければならない。

第八十四条（租税法律主義）　租税を新たに課し、又は変更するには、法律の定めるところによることを必要とする。

第八十五条（国費の支出及び国の債務負担）　国費を支出し、又は国が債務を負担するには、国会の議決に基づくことを必要とする。

第八十六条（予算）　内閣は、毎会計年度の予算案を作成し、国会に提出して、その審議を受け、議決を経なければならない。

2当該会計年度開始前に前項の議決がなかったときは、内閣は、法律の定めるところにより、同項の議決を経るまでの間、必要な支出をすることができる。

3前項の規定による支出については、内閣は、事後に国会の承諾を得なければならない。

第八十七条（予備費）　予見し難い予算の不足に充てるため、国会の議決に基づいて予備費を設け、内閣の責任でこれを支出することができる。

2すべて予備費の支出については、内閣は、事後に国会の承諾を得なければならない。

第八十八条（皇室財産及び皇室の費用）　すべて皇室財産は、国に属する。すべて皇室の費用は、予算案に計上して国会の議決を経なければならない。

第八十九条（公の財産の支出及び利用の制限）　公金その他の公の財産は、第二十条第三項の規定による制限を超えて、宗教的活動を行う組織又は団体の使用、便益若しくは維持のため、支出し、又はその利用に供してはならない。

2公金その他の公の財産は、国若しくは公共団体の監督が及ばない慈善、教育若しくは博愛の事業に対して支出し、又はその利用に供してはならない。

第九十条（決算の承認）　内閣は、国の収入支出の決算について、すべて毎年会計検査院の検査を受け、法律の定めるところにより、次の年度にその検査報告とともに国会に提出し、その承認を受けなければならない。

2会計検査院の組織及び権限は、法律で定める。

第九十一条（財政状況の報告）　内閣は、国会及び国民に対し、定期に、少なくとも毎年一回、国の財政状況について報告しなければならない。

第八章　地方自治

第九十一条の二（地方自治の本旨）　地方自治は、住民の参画を基本とし、住民に身近な行政を自主的、自立的かつ総合的に実施することを旨として行う。

2住民は、その属する地方自治体の役務の提供をひとしく受ける権利を有し、その負担を公正に分任する義務を負う。

第九十一条の三（地方自治体の種類等）　地方自治体は、基礎地方自治体及びこれを包括し、補完する広域地方自治体とする。

2地方自治体の組織及び運営に関する基本的事項は、地方自治の本旨に基づいて、法律で定める。

第九十二条（国及び地方自治体の相互の協力）　国及び地方自治体は、地方自治の本旨に基づき、適切な役割分担を踏まえて、相互に協力しなければならない。

第九十三条（地方自治体の機関及び直接選挙）　地方自治体には、法律の定めるところにより、条例その他重要事項を議決する機関として、議会を設置する。

2地方自治体の長、議会の議員及び法律の定めるその他の公務員は、当該地方自治体の住民が、直接選挙する。

第九十四条（地方自治体の権能）　地方自治体は、その事務を処理する権能を有し、法律の範囲内で条例を制定することができる。

第九十四条の二（地方自治体の財務及び国の財政措置）　地方自治体の経費は、その分担する役割及び責任に応じ、条例の定めるところにより課する地方税のほか、当該地方自治体が自主的に使途を定めることができる財産をもってその財源に充てることを基本とする。

2国は、地方自治の本旨及び前項の趣旨に基づき、地方自治体の行うべき役務の提供が確保されるよう、法律の定めるところにより、必要な財政上の措置を講ずる。
3第八十三条第二項の規定は、地方自治について準用する。
第九十五条　削除

第九章　改正

第九十六条　この憲法の改正は、衆議院又は参議院の議員の発議に基づき、各議院の総議員の過半数の賛成で国会が議決し、国民に提案してその承認を経なければならない。この承認には、特別の国民投票において、その過半数の賛成を必要とする。
2憲法改正について前項の承認を経たときは、天皇は、国民の名で、この憲法と一体であるものとして、直ちに憲法改正を公布する。

第十章　最高法規

第九十七条（基本的人権の意義）　この憲法が日本国民に保障する基本的人権は、人類の多年にわたる自由獲得の努力の成果であって、これらの権利は、過去幾多の試錬に堪え、現在及び将来の国民に対し侵すことのできない永久の権利として信託されたものである。

第九十八条（憲法の最高法規性等）　この憲法は、国の最高法規であって、その条規に反する法律、命令、詔勅及び国務に関するその他の行為の全部又は一部は、その効力を有しない。

2日本国が締結した条約及び確立された国際法規は、これを誠実に遵守することを必要とする。

第九十九条（憲法尊重擁護義務）　天皇又は摂政及び国務大臣、国会議員、裁判官その他の公務員は、この憲法を尊重し擁護する義務を負う。

（注）新憲法草案の条文番号は、参照の便宜のため現行憲法とそろえた。

憲法をめぐる動き

1946	・11	日本国憲法公布
47	・05	日本国憲法施行
54	・07	自衛隊発足
55	・07	自主憲法期成議員同盟発足。国会議員 132 人
	・11	自民党結成。「憲法の自主的改正」を政策大綱に。鳩山一郎内閣、談話で憲法改正を公約
	・12	自民党憲法調査会発足
57	・08	政府の憲法調査会が発足（岸信介内閣）
64	・07	憲法調査会が最終意見書。改憲論、不要論を併記
72	・06	自民党憲法調査会が「憲法改正大綱草案」を了承。自衛力保持を明記
85	・11	自民党政策大綱に「自主憲法の制定は立党以来の党是」と
91	・04	ペルシャ湾へ掃海艇派遣決定
92	・06	国連平和維持活動（PKO）協力法成立
	・09	カンボジアへ PKO 第一陣の海上自衛隊輸送補給部隊。その後、陸上自衛隊も
93	・02	自民党の「国際社会における日本の役割に関する特別調査会」（小沢一郎会長）が自衛隊の国連軍参加は現憲法下でも可能と答申
94	・07	村山富市首相（社会党委員長）が国会で自衛隊合憲と明言
97	・05	超党派の憲法調査会設置推進議員連盟が発足
2000	・01	衆参両院に憲法調査会発足
01	・09	米同時テロ
	・10	米軍の対テロ活動を支援するテロ対策特別措置法が成立
	・11	テロ特措法に基づき自衛艦をインド洋に派遣
03	・03	イラク戦争開戦
	・07	イラク復興支援特別措置法成立
	・12	自衛隊のイラク派遣決定
04	・06	自民党憲法調査会が論点整理。民主党は憲法提言の中間報告
	・10	公明党が運動方針で第九条も「加憲」論議の対象に
	・12	与党が憲法改正国民投票法案骨子をまとめる 自民党新憲法制定推進本部が発足
05	・01	日本経団連が憲法第九条改正を求める意見書
	・04	衆参の憲法調査会が最終意見書。衆院は「九条改正を否定しないことを多数意見とする」、参院は「二院制維持が共通認識」
	・09	衆院選で自民が圧勝。与党勢力が改憲を発議できる三分の一超に 衆院に憲法調査特別委員会を設置
	・10	自民党新憲法起草委員会が新憲法草案を発表

おわりに

一九六〇年代後半から七〇年代前半、若い社会部記者として在籍した司法記者会では「ケンポー」「ケンポーイハン」という言葉が取材活動はもとより日常会話の中でも頻繁に飛び交っていた。取材対象である東京地裁、東京高裁、最高裁では種々様々な憲法訴訟が争われていた。自衛隊をめぐって第九条が問題になるのはもとより、一四条（法の下の平等）、一九条（思想の自由）、二一条（表現の自由）、二五条（生存権）、二八条（労働基本権）など「ありとあらゆる」と言っても過言ではない多様な憲法条文が、連日、法廷で主張、援用された。記者たちは、そのやり取りや判決を、ある時は胸を躍らせ、ある時は憤りながら原稿にしていった。

人々の間で憲法はまだ輝きを失っていなかった。虐げられた人、社会のあり方や政治、行政に疑問を抱く人たちが、施行から二十年以上たって定着したはずの日本国憲法に期待をかけ、裁判所、とりわけ最高裁に望みをつないでいた。

しかし、多様な憲法訴訟の提起は、裏返せば日本社会で憲法が十分機能していないことの証しだった。多くの場合、訴訟は憲法を拠り所とした人に徒労感と絶望感を与えて終わるのだった。

そんな中で出会ったのが札幌地裁の長沼ナイキ基地訴訟判決（一九七三年九月）だ。福島重雄裁判長は「自衛隊は憲法前文の平和主義、第九条の軍備不保持に反しており、違憲の自衛隊の基地建設のために保安林指定を解除したのは違憲、違法」と断じたのである。衝撃は日本中、いや世界に広がった。審理の経過からみて予想された判決ではあったが、法廷で聞きながら「やっと出るべき判決が出た」と興奮したことが鮮やかな記憶として残っている。

と同時に、法廷から出たとたんその興奮を冷やされたことも覚えている。

法廷のドアから廊下に出たところで、関西の地裁から出張尋問にきていた知り合いの裁判長とばったり会い判決内容を質問された。手短に説明すると相手の反応はこうだった。

「そうだろう。僕たちも学生時代にそう教わった。でも、いまの僕はそんなふうに判決を書かないけどね」

この判決は三年後に札幌高裁で逆転した。「自衛隊の存在等が憲法に違反するかどうかは統治行為に関する判断であり、国会および内閣の政治行為として究極的には国民全体の政治的批判にゆだねられるべきものであって、違憲性が一見極めて明白でない限り、裁判所が判断すべきものではない」とした高裁判決は最高裁でも維持された。

ちなみに最高裁が編集する公式判例集に高裁判決は搭載されているが一審の違憲判決は載っていない。「いまの僕はそんなふうに書かない」と言った裁判長は高裁長官に栄進し、福島裁判長は地裁判事で退官した。

憲法とかかわる問題に対する裁判所の姿勢は、はっきりいって政治、行政に追随する傾向が強い。政治、行政の裁量権を大幅に認め司法の介入は最小限に控える、いわば現実追認である。だからこそ、政治家や官僚は「憲法の番人」である司法を恐れずに既成事実を積み重ね、憲法を形骸化することができた。たどり着いた先が昨今の日本社会の「改憲ムード」である。

もっとも司法にばかり責任を負わせるわけにはいかない。もともとこの国の為政者は誕生間もない頃から憲法を白眼視してきた。施行から十年もたっていない一九五四年には早くも自衛隊が発足し、当時の政権党だった自由党の憲法調査会が「憲法改正要綱案」を発表している。一九五五年十一月には鳩山一郎内閣が改憲を公約するに至った。改憲論者の岸信介内閣の一九五七年には内閣に憲法調査会が設置され七年に及ぶ論議が行われた。自民党は改憲を党是に掲げた。

とは言え、護憲勢力の社会党が野党第一党として頑張る五五年体制の下では改憲は非現実的だった。憲法調査会に社会党は参加せず、最終報告書は改憲に賛成、反対の両論併記に終わり、その後の論議は実質的には封印された。

再び議論が高まったのは東西冷戦の終結で唯一の超大国となった米国が日本に軍事協力を要求し、さらに一九九一年の湾岸戦争で国際貢献のあり方が問われるようにようになったからである。一九九二年に国連平和維持活動（ＰＫＯ）法が成立してカンボジアに自衛隊が派遣され、日米防衛新指針、イラク復興支援特別措置法（イラク特措法）などの問題を通じて、解釈上は憲法で禁じられているとされる集団的自衛権と自衛隊の活動との関係が現実的課題として浮かび上がった。

国内政治では一九九三年に細川護熙氏を首相とする非自民政権が発足して五五年体制が完全崩壊した。翌年、自民、社会、さきがけ三党連立政権下で社会党が自衛隊合憲に舵を切ったうえ、一九九六年総選挙で社会党から名前を変えた社民党が惨敗したことで護憲勢力は大幅に後退し、改憲派が大手を振って闊歩する時代に入った。

あとは坂道を転げ落ちるようなものである。二〇〇〇年一月には衆参両院に憲法調査会が設置され、二〇〇五年四月に最終報告書が発表された。調査会は「改憲を前提としない」として始まったが報告書には改憲志向の強い記述が目立ち、いまや自民党は改憲のための国民投票法の制定に躍起となっている。この間、防衛関係の秘密漏洩、探知を特に重く罰する自衛隊法改正、有事に国民の人権を制限しメディアを支配下におく有事法制が国会を通るなど軍事を優先する法整備も進んだ。

海外派兵もタブーではなくなった。いまや自衛隊の足跡、航跡はカンボジア、ペルシャ湾、インド洋、イラクなどに及び、米軍との共同行動が公然と行われている。

自民党の新憲法草案はこのような動きの延長線上で誕生したのである。突然、ぽっと登場したのではない。国民注視の中で作業が進められたのである。

してみれば最終的に問われるべきは、国民、有権者であり、ジャーナリズムだ。

護憲勢力としての社会党を衰退させたのも、改憲案の早期完成を促した小泉純一郎首相に二〇〇五年の九・一一総選挙で圧倒的多数の議席を与えたのも有権者である。自衛隊法改正、有事法制をめぐってかつての安保闘争のような反対運動は起きなかった。この本の最初の文章「〝輝き〟はどちらに」に書かれた非自民八党派連立内閣から自社さ連立への組み替えは、水と油のような自民党と社会党が権力を握るために組んだ野合だったのに、有権者は自らに直接、間接に関わる大事な問題として主体的に対応できないまま、観客として楽しんでいた観がある。

マスメディアは折々のニュースを〝客観的に〟報道することに流され、節目節目に冷静で透徹した分析に基づく課題設定をして、国民に適切な選択肢を提供してきたとはいえない。自省、自戒を込めて言えば明らかに実力も努力も不足だった。

戦前、戦中と違って現在の日本では自由に考え行動する権利が憲法で保障され、国民がまとまって発言し行動すれば政治、行政の流れを変えることができる。それだけに主権者が事態の成り行きを眺めるだけの観客民主主義に陥らないよう、ジャーナリズムの責任は重い。

日本国憲法の歴史を振り返って、つくづくそう感じている。

飯室勝彦　（いいむろ・かつひこ）

中京大学教授（東京新聞・中日新聞論説委員）。

『東京中日スポーツ』でプロ野球担当として記者活動を始める。その後『東京新聞』『中日新聞』の社会部、特別報道部などで、司法、人権、報道問題を中心にジャーナリスト活動を続け、1992年より論説委員。2003年4月より現職。

著書に『戦後政治裁判史録』（共著・第一法規出版）『青年はなぜ逮捕されたか』（三一書房）『報道の中の名誉・プライバシー』『客観報道の裏側』（現代書館）『メディアと権力について語ろう』（リヨン社）『新版 報道される側の人権』（共著・明石書店）『報道の自由が危ない――衰退するジャーナリズム」（花伝社）など。

敗れる前に目覚めよ――平和憲法が危ない

2006年4月25日　　初版第1刷発行

著者 ――― 飯室勝彦
発行者 ―― 平田　勝
発行 ――― 花伝社
発売 ――― 共栄書房
〒101-0065　東京都千代田区西神田2-7-6 川合ビル
電話　　03-3263-3813
FAX　　03-3239-8272
E-mail　　kadensha@muf.biglobe.ne.jp
URL　　http://www1.biz.biglobe.ne.jp/~kadensha
振替 ――― 00140-6-59661
装幀 ――― 神田程史
印刷・製本 － 株式会社シナノ

ISBN4-7634-0463-6 C0036

花伝社の本

希望としての憲法

小田中聰樹

定価（本体 1800 円＋税）

●日本国憲法に未来を託す
危機に立つ憲法状況。だが私たちは少数派ではない！日本国憲法の持つ豊かな思想性の再発見。憲法・歴史・現実、本格化する憲法改正論議に憲法擁護の立場から一石を投ずる評論・講演集。

護憲派のための軍事入門

山田　朗

定価（本体 1500 円＋税）

●ここまできた日本の軍事力
新聞が書かない本当の自衛隊の姿。東アジアの軍事情勢。軍事の現実を知らずして平和は語れない。本当に日本に軍隊は必要なのか？

悩める自衛官
—自殺者急増の内幕—

三宅勝久

定価（本体 1500 円＋税）

●イラク派遣の陰で
自衛官がなぜ借金苦？　自衛隊内に横行するイジメ・暴力・規律の乱れ……。「借金」を通して垣間見えてくる、フツウの自衛官の告白集。その心にせまる。

報道の自由が危ない
—衰退するジャーナリズム—

飯室勝彦

定価（本体 1800 円＋税）

●メディア包囲網はここまできた！
消毒された情報しか流れない社会より、多少の毒を含んだ表現も流通する社会の方が健全ではないのか？　迫力不足の事なかれ主義ではなく、今こそ攻めのジャーナリズムが必要ではないのか？　メディア状況への鋭い批判と、誤った報道批判への反批判。

これでいいのか情報公開法
－霞が関に風穴は開いたか－

中島昭夫　元・朝日新聞記者

定価（本体 2000 円＋税）

●初の詳細報告――情報公開法の運用実態
劇薬の効果はあったか？　施行から 4 年―現行法は抜本改革が必要ではないのか？　新聞記者として、情報公開法の積極的な活用に取り組んだ体験を通して浮かび上がってきた、同法の威力と限界、その仕組みと問題点、改善の望ましい方向についてのレポート。

構造改革政治の時代
—小泉政権論—

渡辺　治

定価（本体 2500 円＋税）

●構造改革政治の矛盾と弱点――対抗の構想
小泉自民党はなぜ圧勝したか？　そこから見えてくる構造改革政治の矛盾と弱点。なぜ、構造改革・軍事大国化・憲法改正がワンセットで強引に推進されているのか？　なぜ、社会問題が噴出し、階層分裂が進んでいるのか？新たな段階に入った構造改革政治を検証。

超監視社会と自由
－共謀罪・顔認証システム・住基ネットを問う－

田島泰彦、斎藤貴男　編

定価（本体 800 円＋税）

●空前の監視社会へとひた走るこの国で
街中のカメラ、携帯電話に各種カード、これらの情報が住基ネットを介して一つに結びつけば、権力から見て、私たちの全生活は丸裸も同然。オーウェル『1984 年』のおぞましき未来社会はもう目前だ。人間の尊厳と自由のためにも、共謀罪は認められない。